經王 法華經

一行禪師 ☸ 著
方怡蓉◎譯

夜裡，當我念誦《法華經》時，
經聲震動銀河，
穹蒼之下的地球醒來，
在大地懷裡，百花驟然綻放。

夜裡，當我念誦《法華經》時，
一座寶塔出現，光芒萬丈，
仰望夜空，觸目盡皆菩薩，
而佛陀的手，就在我自己手中。

——一行禪師

目次

第三部　行動的向度

第四部 開啟行動之門

推薦序——

當代視域的《法華經》詮釋

文⊙黃國清（南華大學宗教學研究所助理教授）

《法華經》是一部至為奧妙的經典，擁有廣大的讀者群，各依不同的觀點與需要，從經典中汲取佛法的智慧。有人欣賞寓言故事的雋永趣味，有人發掘文句背後的精深義理，也有人感動於菩薩的偉大實踐。

《法華經》含有多樣的主題，源自此經在佛教歷史的發展進程中，回應修行者在教理面與實踐面的要求，不斷地充實內容，成為一部多面向的修行寶典。

《法華經》產生於印度，卻在中國發揚光大。印度注釋書僅存世親的《法華經論》，然而，自鳩摩羅什譯出此經後，在漢地影響日增，重要學派或宗派的創立宗匠都難以迴避對此經進行詮解，為後人留下思考和領悟的結晶。

古代注釋家相信《法華經》是佛陀在一會中講畢的經典，依據自家學說立場探求經中的系統教理。佛教學術研究則提出有別於傳統的佛教歷史觀與經典成立論，自新的視角觀照《法華經》。現代讀經者面對佛教思想文化的新觀念與新視域，以及廿一世紀的精神需求與修行課題，期待一部適應新時代的《法華經》詮釋。

一行禪師這本書為現代讀者開啟了《法華經》的大門。法師瞭解當代學界的佛教史觀，也融和了古代祖師的思想精華，更有其自身對佛法的深切領會，以深入淺出、優美清新、富含哲理的筆觸，娓娓道出《法華經》的弘大事業。在書中，法師根據《法華經》本身的主題轉換，參考天台智者大師的分判，開出了「歷史的向度」與「究竟的向度」，展示佛由人成又超越時空的重要意趣。另外，補足了「行動的向度」，闡釋經中的實踐理念與具體方法。這確實是《法華經》的三個主要面向：人間的、神聖的、實踐的。

佛法蘊藏在經典中，經典須有通達經義的當代智者進行詮釋，否則文字是流傳下來了，佛法卻不一定傳下來。筆者研讀與教導《法華經》十餘年，瞭解讀經者苦於掌握此經的系統理念與精深義涵。此書中文譯本的出版，真可說是當代華人之福。卓越經典的智慧話語是不受時間、地域、種族、宗教、身份所局限的，不管是佛教徒還是非佛教徒，相信都能從此書的閱讀中獲得啟發。

推薦序——

與《法華經》剔透相印

文◉王尚智（人間衛視總經理）

如果每一部經典都是一朵法義之花，我們該怎樣飛到哪個位置，才能吮啜它迷人的精華？如今有那麼多的佛法資訊、眾多法師、上師的開示，與顯密法門教派的修行，為何我們在抉擇實踐道路上，舉步就如此令人迷惘？

我自己身為一名佛教徒與媒體人雙重角色，更深切感受著學習佛法，在現代傳播環境中，要不失真，是很不容易的。我從幾個「問號」開始思惟，再如此慎重地推薦此書，主要是因為一行禪師的開示語錄，向來是我在工作餘暇，極少數願意再特別擠出時間，於眼底指間一字一句去深心聆聽的！

在享譽國際各方的佛教僧侶中，生於越南中部，十六歲出家的一行禪師，除了積極投身救助戰爭受害者的活動之外，他更在佛教經典與禪法修行的解析上，有直指法義核心，又能同時應用於現代生活的獨到觀點。特別是向來深奧的佛教名相，往往透過禪師的英文表述，反倒更能化繁為簡地呈現佛法的核心思路與普世價值。

做為長期聽聞一行禪師開示的「法粉絲」（fans of Dharma）」，我多麼希望這本《*Opening the heart of the Cosmos : Insights on the Lotus Sutra*》若能直接閱讀英文該多好！當然，我也深深高興於這本譯為《經王．法華經》的中文譯本，如今終於能順利完成，是這麼的好！

由一行禪師闡述的這一本《經王．法華經》，我們可以清楚看見禪師獨到的「萃取」功力！《法華經》是公認集結佛陀圓滿智慧，含攝大、小、密乘的諸乘精華，同時表現出過去、現在、未來時空幻妙特徵的佛教重要經典。可以想見這本經典，現代人若要消化吸收，是相當不容易的。但一行禪師巧妙地將《法華經》做了一個結構的劃分，並且為閱讀或思惟《法華經》的經義時，提出思考的「立足點」與「向度」。簡單來說，閱讀此書會感覺，一行禪師「把法華經的蓮花花瓣，一片片打開了」！

打開經典裡的法義之花是如此不易，主要是因為，這是一個佛法信息變得多元充沛，有時卻也廉價失真的時代。經典，難道就是無止境，不求甚解的反覆諷誦？所有的經文不都是讓我們透過文字，重新回到佛陀說法的現場聆聽？即使再怎麼博覽群藏，也都應當去思惟每一部、每一句經典中的佛法本義，並且努力萃取可實踐於自己生活中應用的精神，這才是學佛者共同的基本態度吧！

每一位在人世間住持佛陀正法的傳承者，都有一隻獨到的「法眼」。聆聽他們的智慧思路，如同親歷他們的法眼所見聞。即使容易被讀來滿天神佛的《法華經》，在一行禪師的法眼下，得以化繁為簡，照見精華。國際著名的小馬丁·路德·金（Dr. Martin Luther King, Jr）提名一行禪師為諾貝爾和平獎候選人時形容說：「我不知道還有誰比這位溫良的越南僧人，更堪當諾貝爾和平獎。」但我個人更感動的，是這位僧人自己在子夜時分諷誦《法華經》時，那份無能言語、剔透相印的深心體會——請容我在最後邀請你一同安然吟誦：

夜裡，當我念誦《法華經》時，
經聲震動銀河，
穹蒼之下的地球醒來，
在大地懷裡，百花驟然綻放。

夜裡，當我念誦《法華經》時，

一座寶塔出現，光芒萬丈，
仰望夜空，觸目盡皆菩薩，
而佛陀的手，就在我自己手中。

——一行禪師

[經王] 法華經

導論

人人皆可成佛

《法華經》素以「經中之王」著稱於世，梵文經題為*Saddharmapundarika-sutra*，意指「妙法蓮華」。數百年來，佛教修行者皆尊此經為大乘佛經園地中最美麗的花朵。

目前《法華經》[1]已有若干英譯本問世，但一般而言，西方世界向來不甚理解此經兼容並蓄與調和差異的獨特要旨。本書要彰顯的是，這部經的教法如何幫助我們為了家庭、社區、社會與全世界的福祉，而實現正念、慈悲與愛心的修行。

歷史的向度與究竟的向度

一如許多大乘[2]經典，《法華經》也是歷經數百年逐步撰述與編輯而成的。我們認為《法華經》是佛陀（約西元前五六五～四八五年）在晚年的某個時刻，於印度靈鷲山所宣說。從現代文獻研究也可得知，[3]這部經是約在七百年後的西元二世紀末，經過編纂、文字記錄，然後得以流傳。

《法華經》有二十八品，[4]通常分為兩部分。第一部分著眼於歷史的向度，關切的是釋迦牟尼佛一生的經歷，這是透過我們一般感官知覺所見的歷史上的佛陀。在此向度上，可看到悉達多．喬達摩出生、成長，為尋求心靈真理而出家修行，最後達到偉大的證悟而成佛，接著終其一生與世人分享其體證並教導佛法，直到八十歲而入涅槃。靈鷲山是印度實際存在的一個地方，釋迦牟尼佛許多最重要的教法就在此地宣講，今天你依然可到該處參訪。

《法華經》的第二部分論及究竟的向度，它讓我們看到另一個層次的佛陀，這層次超越我們對時空的一般感官知覺，佛陀在此是活生生的實相——法身（dharmakaya）。在此向度上，我們關切的不是生死、來去、主客等觀念，而是真正的實相——涅槃，是超越一切二元對立的法界（dharmadhatu）。[5]

為了宣說《法華經》的深遠要義——人人皆有成佛的能力，這部經典向我們展現究竟的向度。歷史上的釋迦牟尼佛在世時，教導如舍利弗、目犍連等大弟子，且授記他們於未來成佛。若我們只辨識這層次的佛陀，可能會覺得自己既無福生在佛世，此時此地也已無人能證明我們成佛的可能性。因此，《法華經》向我們展現究竟向度的佛陀，他不受限於我們對時空的世俗理解。要親聞我們也能成佛的這項要旨，無須回到兩千五百年前，只要仔細聆聽這部經的要義，且辨識究竟向度的佛陀即可。

有能力辨識歷史與究竟的向度，才能開啟《法華經》之門，如此一來，我們就能接觸到絕妙的佛法。歷史的向度，讓我們能聯繫西元前五世紀生存於印度教授佛法的佛陀，這是人間的佛陀，他對真理的追求，以及他的修行與道路，都是我們可以效法的。究竟的向度，揭露佛法的永恆意義，那是超越時空的佛法精髓，就如同我們即將發現的，無須到其他某個地方去接觸究竟的向度，在歷史向度中的日常生活，就能觸及究竟向度的喜悅與自在，一如菩提樹下的佛陀。

研讀《法華經》經時，我們可確定這部經在哪個向度起作用。每當眾人的目光停駐在世上，看著樹木、植物、丘陵、高山或彼此時，我們知道自己是在歷史的向度，在生死的世界中。但當凝視虛空時，我們就已進入究竟的向度，進入不生不滅的世界。

此經在各別或同一品的不同場景中，不斷地轉換於歷史與究竟兩種向度之間。若我們能認清自己正在閱讀的是歷史或究竟的向度，就不會對經中的文字感到困惑或茫然不知所措。尤其是用來描述究竟向度的經文，為了表達無量、無限、廣袤的這個宇宙向度，此經運用了無窮的時間概念與無限的空間概念，迥異於我們透過一般感官知覺所能掌握的任何事物。

理解經文的含義

《法華經》的語言猶如技巧純熟、栩栩如生的繪畫，為了顯示經中的含義，此經以生動的語言與意象，指出極為深刻與絕妙的觀念。經典的創作者都是偉大的詩人，然而我們應謹記，經典語言只是一種善巧方便，用以表達教義中深奧的思想。所以，讀經時必須要能深觀，若拘泥於文字，就只能看見奇蹟與神通的描述，無法領受《法華經》要教給我們的真正含義。

例如在第二十一品〈如來神力品〉中，佛陀展現不可思議的奇蹟：他伸出舌頭，廣覆三千大千世界，那是一個我們無法想像的遼闊宇宙空間（這個意象源自一個古印度的說法，亦即說出真理的人「出廣長舌」）。他又從周身毛孔放射無量彩光，照亮十方一切世界。在佛教典籍中，「光」象徵覺悟，而「十方」[6]意指整個宇宙。這段經文旨在表達圓滿證悟者正念之光的驚人力量，它以巧妙而充滿詩意的手法，表現出正念之光是強大無比的真理。

同樣地，在第十五品〈從地踊出品〉中，描繪無量千萬億身皆金色的菩薩從大地中踊出，他們以妙音讚歎佛陀，據說此讚歎延續五十小劫之久。「劫」是極長的計時單位，相當於十億年。這種說法，其實是論及究竟向度中時間無量無邊的本質，一秒鐘包含成千上萬次生死，而永恆只在一瞬間。一即一切。

遇到這類經文，我們不該為其神秘的語言所困，充滿戲劇性的語言與意象只是文學的，那相當於蓮華座上的佛像，提醒我們佛陀正念、安詳而坐的能力。

開啓宇宙的心門

在本書第一部與第二部中，我們探究《法華經》中顯示的歷史向度和究竟向度，其中提出的主旨可幫助我們以有益的方式實踐經中慈悲與調和差異的教義。這是入世佛教之道，我們的修行與知見，不僅為個人，也為家庭、社區、整個地球，帶來喜悅、和平與解脫。

《法華經》肯定我們每個人都有成佛的能力，這是一份非常殊勝的禮物。我們要如何竭盡所能地善用這份美妙的賜予呢？在個人的日常生活中，在僧團的建立上，在普世的工作中，我們透過自己的修行而成為佛陀的左右手。所以我提議開展《法華經》的第三部分——行動的向度，以補足並齊備歷史向度與究竟向度的教義。本書第三部與第四部，讓我們看到《法華經》如何開啟進入菩薩行的向度之門。

在修行中，我們得到經中介紹的許多大菩薩的支持，包括藥王菩薩、常不輕菩薩、持地菩薩、普賢菩薩、觀音菩薩，還有其他無數與我們共住於此世間的菩薩。透過我們的修行與僧眼（Sangha Insight），每個人都能成為佛陀的左右手，承擔療癒、轉化、調和世界的工作。

注釋（譯注：❺）

①……Leon Hurvitz, *Scripture of the Lotus Blossom of the Fine Dharma*（*The Lotus Sutra*）(New York: Columbia University Press, 1976)。此英譯本以鳩摩羅什漢譯的《法華經》為原本。除非特別註明，本書所引用的《法華經》經句，皆根據此英譯本。

②……「大乘」（Mahayana，大車）意指佛教傳統一大重要演變，此一演變大約發生於西元前一世紀至西元後一世紀。為了區別大乘教義與早期佛教傳統教義，大乘佛教徒以「小乘」（Hinayana，小車）

此略帶貶義的辭彙，指稱早期佛教教義。

③……我們根據若干線索得知這一點。最早引用《法華經》的佛教大師，是西元二世紀末的傑出大乘論師龍樹，他是《大智度論》的作者，也是中觀學派的創始人。根據《法華經》本身的內證，可看出此經成書的年代必定晚於其他大乘經，例如《維摩詰經》。《維摩詰經》提出對小乘最強而有力的一種批判，而《法華經》以調和大、小二乘的教義為目的，因此《法華經》必然出現在《維摩詰經》之類的大乘經典之後。參見A. F. Thurman的翻譯，A. F. Thurman, *The Holy Teaching of Vimalakirti*（University Park, PA, & London: Pennsylvania University Press, 1976）。

④……這種經典架構的整理方式，是專研《法華經》的中國天台宗的貢獻。天台宗的學問僧推斷出此經中的許多思想，且在此經的教義上，建立該宗的理論與實踐。天台宗在中國是非常重要的宗派，同時也影響中國與日本其他主要大乘宗派的發展，包括淨土宗與禪宗。《法華經》的教義對於稍後的大乘思想與實踐的發展，有深遠的影響。（譯按：天台大師智顗稱歷史的向度為「迹門」，究竟的向度為「本門」，合稱「本、迹二門」。）

❺……法界（dharmadhatu）又稱為「法性」、「實相」。它有時代表人無限的心智，有時則泛指無窮的時空或宇宙。因宇宙中的每種事物都各有自體，彼此分界而不相同，所以稱為「法界」。

⑥……「十方」包括東、西、南、北四個正方位，東北、東南、西北、西南四個偏方位，還有上方、下方，因此就是指四面八方一切處。

第一章 《法華經》的廣大包容性

從一味和合的佛教到眾多教派

《法華經》被稱為「經中之王」的原因之一，是因它能接受並整合佛教所有的宗派。

有生命的東西隨時都在成長，樹木不斷地長出枝葉，開出花朵。佛教是個活生生的實相，為了讓佛教能延續生命力，我們必須容許它發展。就如在這時代所見，生命並非靜態的，政治、社會、經濟、文化與環境等情況都在改變，通常變動甚鉅，且有時極速變化。西元前第五世紀至第一世紀的印度也是如此，事實上，那是一個宗教、文化、政治都劇烈變動的時代。佛陀的證悟、傳道、教誨，本來就徹底背離當時印度盛行的宗教與社會架構，其他許多新興宗教，例如耆那教[1]，也在那時興起。因此我們可以看出，佛教內部從一開始就存有改變與調適的種子，而佛教兩千五百多年來持續作為一個活生生的傳統，其關鍵即是此宗教因應新生活型態與新問題的能力。

原始佛教包含歷史上的佛陀——釋迦牟尼佛——一生的教導，這是最初的佛教。原始佛教（或稱「根本佛教」）時期是一味和合的佛教，只有各一部經藏與律藏。其後，約在佛世後一百五十年發展出部派佛教，當時佛教僧團分裂為兩個派別——本質保守的上座部與偏向革新的大眾部。隨著時序推移，這兩部派更進一步分裂，於記載中有談到十八個部派，但我們知道曾一度有多達二十五或二十六種部派，且各部派都有自己的經藏與律藏。

②原始佛教 ③上座部 ④經藏

大乘的研究與修行方式起於大眾部，而當那種研究與修行足夠成熟時，大乘經典就開始出現。因此，我們可說佛教的形成分三階段發生：（一）原始佛教；（二）部派佛教；（三）大乘佛教。最早問世的大乘經典是「般若經」（Prajnaparamita，「圓滿的智慧」）。

當大乘佛教開始發展時，大乘修行者稱呼不屬於大乘的派別為「小乘」，「小」有貶抑那種佛教之意，等於是說：「你們的車子無法承載許多人，頂多只能載運你們自己而已。相對地，我們車子大，載得動成千上百人。」此處「大」、「小」字詞的選用，顯示當時大乘的追隨者有較勁與自負的意味。

隨著佛教僧團組織的發展，保守派變得相當僵化、心胸狹隘，出家僧團非但未尋求可用於日常生活的教導與修行方法，反而傾向全力投注於抽象哲學教法的要點分析，並著重阿毘達磨（亦即「論藏」）的研究。論藏是額外添加的典籍，著述的目的是將佛教教法加以組織分類，並進一步闡釋。[5]一根毛髮能被割裂許多次，阿毘達磨乏味的議論，就充滿了割裂極微的毛髮，分析層出不窮，而學問僧開始為分析而分析，樂此不疲。在這種環境中，正念的修行是存在的，但可能相當機械而枯燥，無法導致當下的平靜、喜悅、快樂與自在，以強硬態度詮釋、理解與踐行教法的方式變得很死板，而讓其他人難以接受。

既然出家僧團被封閉在這種保守的態度中，就無法完全履行它對社會應擔負的責任。佛陀入滅數百年後，出家僧團其實並不入世，未考慮到僧院外整個社會的種種困境。但為了持續作一個有生命的傳統，佛教必須改變、成長，所以大約在西元前第一世紀，有個偏向革新的部派——大乘，自大眾部的傳承中發展出來。這是佛教內部的改革運動，向外延伸，以包含僧、俗二眾的一項革命性運動，是一部能載運一切有情眾生到達解脫的大型車輛。

小乘最高的宗教理想，是透過一己的精進與修行，而達到解脫的阿羅漢（arhat，意即「值得尊敬者」）；出家僧團的焦點都只放在個人的救贖，單從個人的角度思考涅槃。大乘提出的理想，則是與其他一切眾生分享其修行成果的菩薩（bodhisattva，bodhi意指「智慧、覺悟」，sattva意指「眾生」）。菩薩一達到覺悟，就立誓放棄進入涅槃，直到其他所有眾生——小至最後一片草葉——也都解脫為止。這種洞見非常深刻，所以大乘觀點表現的佛教是入世的，相當積極，且非常美妙。

大乘始於這種洞見，且進一步加以增長，當有關它們的研究與修行夠成熟了，經典就開始出現，起初是《般若經》，這些經典極為深入地探索「不二」的原則與「空性」（shunyata）的智慧。不像早期某些西方的佛教學者所認為的，「般若經」中的「空性」概念並非一種虛無主義，而是表示一切事物都缺乏一種本有、不變而恆常的本質，無一物獨存而永遠不變，萬物的生起皆由於一套不斷改變的因緣，這種洞見就是「相互依存」（interbeing，互即互入）。

我們可看出，《般若經》中的這種洞見起於如「緣起」[6]這樣的基本佛教教義，重要的是，我們應謹記，大乘運用的教義正是上座部作為基礎的教義。然而，大乘思想家並不止於此，他們繼續詳細說明這些教義，添加新的洞見與詮釋，以因應瞬息萬變的情況與人們心靈上的需求。所以，我們不該認為大乘排斥早期佛教聖典，而應視之為早期佛典洞見的一種延續與擴展。

其次出現的大乘經典是《寶積經》，接著是《華嚴經》，最後以《維摩詰經》告終。《維摩詰經》描述的是偉大的在家居士維摩詰的成就，他的洞見與智慧凌駕所有僧眾之上，即使如舍利弗、富樓那（Purna）、大迦葉（Mahakashyapa）等佛陀諸大弟子的心靈成就，也無法與他相提並論。

《維摩詰經》雖有許多深刻、絕妙的教法，但它並非我最喜愛的經典，因它對於保守派的反動，以及對佛陀最初的弟子——尤其是最資深的弟子舍利弗——的處理未免有點過火。此經中呈現的舍利弗相當幼稚，容易受騙且愚蠢，而維摩詰則相對地被描繪成聰明絕頂，是真正偉大的修行人。但當我們仔細研究此主題，看清出家僧團保守心態與僵化程度，就比較理解這部經和其他大乘經為何採取這種批判的立場。

這些批判性的大乘經——特別是《維摩詰經》——是轟擊僧院組織的一門重型砲，當時的人需要心靈上的指引，以便將法義落實在日常生活中，但僧院卻不再滿足人們這方面的需求。另一方面，《法華經》則是第一部運用愛語的大乘經，也是首先接納佛教一切宗派與趨勢的經典。因此，《法華經》就如一陣清涼的微風、一場微雨，平息保守派與革新派之間令人窒息難耐的競爭氣氛。

上座部教導說菩薩只有一個——成佛的歷史人物悉達多．喬達摩過去生生世世的身分；根據小乘佛教，我們之中有些人能做到的頂多是成為阿羅漢，且只有經過許多世的修行後才能達到。在家佛教徒無法獻身於出家人被要求的那種嚴苛的修行，所以他們開始只著重護持出家僧團，以獲得有助他們來生幸福的功德。人們不相信自己能成佛，所以感受不到為了成佛有必要修行。

大乘思想家看出這種情況有很大的危險，在早期大乘哲學家中，有許多具有聰明才智的在家人與若干出家人，他們看到佛教面臨的一種危險，若出家僧團不開放面對世間，佛教就會死亡，不再是個有生命的傳統。他們注意到在早期經典中，佛陀提及其他諸佛的存在，因而推論：若有許多佛，必定也有許多菩薩。在大乘經典中，舍利弗被授記將會成佛，此授記的重要性是佛陀的每個弟子——最初的聲聞眾（shravakas，直接聽聞佛說法者）——也能成佛。悉達多、舍利弗和其他聲聞弟子可能達到的，我們每個人也都能達到。

這是大乘偉大的洞見——人人皆可成佛，每個人都能達到悉達多的成就，無論男或女，無論生於哪個社會階層或族群，也不管修行佛法的是出家人或在家人。我們每個人都有能力成為圓滿覺悟的佛陀，且在圓滿成佛之道上都是菩薩。

大乘佛教的新發展為佛教重新注入活力，且四處洋溢熱忱，但定義明確的大乘團體卻尚未成形。當時菩薩戒尚未發展出來，出家僧團有「正念五學處」[7]和《戒經》可供憑藉，但菩薩修行的指導方針則尚未制定。後來才在《梵網經》中列出菩薩戒，那是在家、出家菩薩共同修行的五十八條戒。[8] 相互依存教團（the Order of Interbeing）的「正念十四學處」是這些菩薩戒的現代版，其本質完全相同，且為僧、俗二眾共同持守。

大乘佛教徒也看出成立出家與在家兩種修行者團體的必要，許多經典反映此時期的情況，當時僧團的建立是由出家人（比丘、比丘尼）和在家人（優婆塞、優婆夷）共同承擔的。《法華經》出現於大乘發展中的此關鍵時期，呈現出早期聲聞傳統，以及大乘廣闊、兼容並蓄的菩薩道之間的完美調和，這兩種傳統結合為一乘，能承載一切眾生到達解脫彼岸。

《法華經》的角色

從一開始的《般若經》與最後的《維摩詰經》，我們發現大乘經典中思想和語言的極端表現，那些表達方式是精湛——有時相當尖銳——的論辯，目的在於打破傳統佛教團體的束縛。這些經典傳達的觀念十分深刻、精彩，但並未表現出真正、成熟的大乘溫和面貌。

在《法華經》問世前，已有許多深奧的大乘觀念與哲學發展出來，且開始受到眾人的讚賞，但當時大乘只是散居各地的若干個人而已，只是一種思想與經典的表達，尚未以一種社群、組織或集團的型態存在。唯有當帶有中庸、調和、統一精神的《法華經》誕生時，大乘才開始擁有一個由比丘、比丘尼與在家人共組的完整團體。《法華經》就在這種環境下誕生，而此經的出現是件很幸運的事，它適時地促成大乘的建立，它運用一種極為慈悲與兼容並蓄的新方法，以便調和傳統的聲聞道與新興的菩薩乘（bodhisattvayana）或菩薩道。

《法華經》中反映的調解與和諧的態度，在大乘佛教成熟的過程中極為重要，因它能接受並整合佛教各乘之道，所以在大乘經典中，一直具有崇高的地位。在《法華經》中，佛陀告訴宿王華菩薩：「正如一切溪流、河川、水域中以大海為首，如來宣說諸經中亦以《法華經》最為深遠、廣大[9]。」在此之前，佛陀也曾說：

藥王今告汝，我所說諸經；
而於此經中，法華最第一。[10]

《法華經》的文學風格

在閱讀大乘經典時，偈頌的存在似乎是為了概述經中「長行」（散文）的部分，我年輕時以為經典中有偈頌這部分，是因韻文較散文易於背誦。《法華經》剛出現時，經典通常以偈頌書寫，而非長行，就如越南大眾耳熟能詳的民謠集，或希臘荷馬的史詩，最早都是口傳的。大乘經典也是如此，起初以偈頌形式出現，透過口耳流傳。因此，《法華經》最初是偈頌體，長行的部分是後來添加的，以詳細說明並進一步解釋偈頌的教義。

造成這種情形的原因是，佛陀在世與入滅後的四百年間，聲聞眾口傳佛法，並加以記憶、背誦。為了易於理解與記憶，佛法用一種詩歌語言——普[11]拉克里特語（Prakrit），以偈頌體流傳。這種語言有其格律，與我們在英詩中所見極為類似，例如華[12]茲華斯（Wordsworth）的〈泉水〉（*The Fountain*）一詩中，一行有八音節，次一行為六音節：

We talked with open heart and tongue
affectionate and true.

A pair of friends though I was young,
*and Matthew seventy-two.*⑬

我們交談——以開放的心、
深情真實之語；
我雖年少而馬修七十有二，
兩人結為好友。

這很容易記憶、理解，但因這種文學風格有其獨特的形式與格律，所以很難改變或翻譯成其他語言。在《法華經》出現的第二個階段，人們添加了長行的部分，目的是使偈頌中的意義更為明確。例如，當華茲華斯談到「深情真實之語」（a tongue which was *affectionate and true*），這不僅表示其言語情深而真實，還意味這兩人彼此深情、真實以待。長行談論的範圍比較廣，可運用更多字詞解釋偈頌的部分。

所以，佛法最早以偈頌體表現，只有到了後來開始以印度宗教與哲學的古典語——梵文——書寫紀錄時，稱為「經」（sutra）的長行部分才出現。「經」一字的梵文原意為「線」，因此一部經是一根長行的線，它連結並詳盡說明一段佛法的偈頌。

閱讀《法華經》與其他大乘經典時，記得這一點是很重要的，因這些經文並非以一種形式記錄下來就永不改變。《法華經》就經歷了四個階段的發展，最初以口語偈頌開始，第二階段以書體記錄這些偈頌，第三階段添加長行部分。比較此經的各個梵文本，我們發現有些版本的長行部分比其他版本短[14]，這表示《法華經》如一棵大樹般成長，隨著時間不斷地冒出嫩葉，抽出新芽。在西元二世紀中葉，此經還是一株小樹，但到了二世紀末，它已枝葉茂盛了。

在第四階段，此經有新的章節加入。[15]鳩摩羅什的漢譯本有二十八品，而目前擁有的梵文本則只有二十七品。根據最近的研究，從第二十三品以後是新添加的章節。也許人們在使用《法華經》時發現它的缺點[16]，所以後來加入新的章節，而為了讓新添的部分看來像《法華經》原有的經文，後來又增補偈頌的部分。

當時印度學風鼎盛，興起許多新理論與思潮，此時期的哲學、文學作品都以梵文書寫，佛教文學也必須以新型態呈現。於是有些學者將《法華經》從俗語的普拉克里特語，改寫為一般學者、文學中所用的梵語。這種情形很類似法語剛進入越南的時期，當時漢語和越南語都被壓制，能說法語者則被視為有教養，而受到尊重。

普拉克里特語和梵語彼此相關，但各自的語法、語意卻有很大的差異。此外，雖然將長行部分從俗語改寫為梵語不難，偈頌部分卻很難翻譯。因此，一如其他經典，《法華經》中的梵語是梵語和普拉克里特語的混合語——佛教混合梵語

（Buddhist Hybrid Sanskrit）。假設你要讀一段鳩摩羅什法師譯自梵文的《法華經》漢譯本，譯文讀起來會流暢得多。

閱讀《法華經》要謹記的另一點，是此經的戲劇性。當大乘發展時，印度正經歷一段文化更新的時期，重要的宗教與文學史詩，如《羅摩衍那》與《摩訶婆羅多》[17]被搬上舞台演出，這是印度農村許多人接受宗教、文化傳統教育的方式。佛教徒將經典以戲劇方式呈現，每一品都像劇中的一幕，教法多以譬喻闡明，聲聞、菩薩、諸佛也經過生動的描繪，動作在舞台布景似的不可思議場景中發生，經中對於這些場景都有詳盡逼真的描述。這種表現佛法的方式能吸引來自不同社會階層、教育程度的人，於是經典中的戲劇結構使更多人受到經典的教化。

《法華經》並非為專家所寫的學術作品，倒不如說它是一部具有普遍吸引力，能實際運用的通俗作品。閱讀《法華經》時，可看到它如何承繼之前大乘經典中的精華和觀念，例如它從《般若經》承繼了空性的教義，從《華嚴經》承繼了多重因果的教義，從《維摩詰經》承繼了超越所有概念作用的解脫思想。然而，《法華經》呈現這些觀念的方式並非純理論的，它普遍的吸引力與實用的特質，讓佛教向前邁進一大步。以淺顯易懂且適用於所有社會階層的方式，簡單地呈現深奧的佛法，這種能力即《法華經》力量之所在。

注釋（譯注：Ⅱ）

①……耆那教創始人為大雄（Mahavira），與釋迦牟尼佛同一時代，耆那教也否認婆羅門教（印度教的前身）基本教典「吠陀」（Vedas）的權威。從西元前五世紀興起於印度的許多宗教中，耆那教是少數留存至今者。

②……「原始佛教」或「根本佛教」描述佛陀教義的最初時期，這些教義起初在佛入滅後約一百年間以口語傳授，隨後在西元前四世紀結集並記錄於巴利聖典。這些教義形成小乘佛教的基礎（更適切的名稱是「上座部（Theravade）佛教」）。斯里蘭卡、緬甸、泰國、柬埔寨、寮國與南越某些地區主要奉行這種形式的佛教；越南大部分地區、中國、韓國、日本主要修行的是大乘佛教；而藏傳佛教是極為特殊的佛教型態，結合大、小乘與密續等傳統，又稱「金剛乘」（Vajrayana）。

③……今天的斯里蘭卡仍有上座部佛教的代表，也就是上座部分支的赤銅鍱部（Tamrasatiya）。過去在喀什米爾亦有另一上座部分支——說一切有部（Sarvastivada），此分支大約延續一千年（西元前三〇〇年至西元七〇〇年），其三藏被帶到中國譯為中文，至今尚存。我們應謹記，這兩個派別代表的是釋迦牟尼佛入滅後才興起的部派佛教，並非原始佛教。赤銅鍱部的三藏稱為「南傳」，而有部三藏則稱為「北傳」。雖然有時人們因上座部保守，而覺得它比大眾部（Mahasanghikavada）更接近原始佛教，其實不然。由於上座部自有其傳達、保存、闡釋佛法的方式，因此不等同於原始佛教。

④……經與律集合成經藏（佛陀說法或開示的結集）與律藏（正念訓練的結集）。有關佛教早期演化與教義上的分裂，詳見Edward Conze, *Buddhist Thought in India*（Ann Arbor, MI: University of Michigan Press, 1967）。

⑤……阿毘達磨（「無比法」）屬於原始佛教的主要典籍，連同佛陀原來講經說法的經藏（巴Sutta-pitaka，梵Sutra-pitaka）、出家僧團行為準則的律藏，構成巴利聖典三部分——三藏（巴Tipitaka，梵Tripitaka）。

⑥……關於「緣起」（pratityasamutpada），詳見Thich

Nhat Hanh, Chapter 27, "The Twelve Links of Interdependent Co-Arising," *The Heart of the Buddha's Teaching*（Berkeley, CA: Parallax Press, 1998）, pp.206-232。

⑦……「正念五學處」是指所有佛教徒都持守的基本戒——不殺生；不偷盜；不從事有害的性行為；不妄語；不服用令人心醉神迷之物。關於這些基本戒，詳見Thich Nhat Hanh, Chapter 13, "Right Action," *The Heart of the Buddha's Teaching*, pp.86-90。《戒經》（*Pratimoksha*）是律藏的一部分，包含二百五十條比丘戒，和三百四十八條比丘尼戒。

⑧……相互依存教團（Tiep Hien）是一行禪師在一九九六年越戰期間所創立，以運用佛教於現代生活為目標，其成員是國際間的僧、俗二眾。關於此教團，包括其憲章、戒律與簡史，詳見Thich Nhat Hanh, *Interbeing*（Berkeley, CA: Parallax Press, 1997）。

⑨……Hurvitz, Chapter 23, "The Former Affairs of the Bodhisattva Medicine King," *Scripture of the Lotus Blossom of the Fine Dharma*, p.298。（譯按：第二十三品〈藥王菩薩本事品〉：「**譬如一切川流江河諸水之中，海為第一，此法華經，亦復如是。於諸如來所說諸經中，最為深大。**」〔《大正藏》冊9，頁54a〕）

⑩……Hurvitz, Chapter 10, "Preachers of Dharma," *Scripture of the Lotus Blossom of the Fine Dharma*, pp.177-178。（《大正藏》冊9，頁31b）

⓫……普拉克里特語（Prakrit）是巴利語所屬的「中期印度亞利安語」的總稱，是西元前六世紀到西元後十一世紀，通用於印度的亞利安人的民眾語。它與梵語相對，梵語是由人為規定完成的人工語，而它則是無人為成分的俗語。

⓬……華茲華斯（*William Wordsworth*, 1770-1850），著名的英國浪漫派詩人，主要作品有《抒情歌謠集》、《序曲》、《遠遊》等。

⑬……*William Wordsworth*（Oxford University Press, 1990）, pp.138-140。

⑭……許多現存的《法華經》梵文本發現於尼泊爾、克什米爾與中亞，西藏也有發現若干版本。此外，至西元九世紀中葉為止，一直作為中亞佛教重鎮

之一的于闐（今中國西部），最近也發現了一個版本。

⑮……傳統認為《法華經》有十七個不同的漢譯本，有些完整，其餘則殘缺不全。今天在漢文佛典中只保留三個完整的版本，其中最清晰可讀的是中國學問僧鳩摩羅什（Kumarajiva, 344- 413）所譯的版本。

⑯……人們必須經過一段時間才開始發現、批評經中的缺點，這些缺點導致新章節的添加。《法華經》最初章節提出的教義是一切眾生皆有成佛的能力，這表示各種修行人，包括聲聞、緣覺、菩薩都能成佛——這是《法華經》的根本教義。然而，引人注意的是，直到第二十二品才提及女性成佛。所以，後來的學者添加第十三品，在此品中，佛陀的姨母摩訶波闍波提．瞿曇彌（Mahaprajapati Gotami），與前妻——羅睺羅（Rahula）之母耶輸陀羅（Yashodhara），也都被授記未來將會成佛。

第十二品以佛陀的堂弟提婆達多（Devadatta）為主題，這也是後來增補的。提婆達多為佛陀製造不少麻煩，由於他傷害佛陀所造的極端惡業，原則上應無法證悟，然而《法華經》廣大的包容性涵蓋「一切」眾生，確認我們都有佛性，都有圓滿覺悟的能力，所以需要有關提婆達多的新章節，在此品中，他也被授記未來將會成佛。唯有透過經典在不同階段的發展，還有後期增添新章節這種漸進的程序，《法華經》的主要教義才完全體現。

⑰……《羅摩衍那》（*Ramayana*）是印度神毘濕奴（Vishnu）的化身之一——羅摩王子——的英雄故事。《摩訶婆羅多》（*Mahabharata*）描述的是兩個家族間一場壯烈英勇的戰役故事，此故事象徵著邪不勝正。《薄伽梵歌》（*Bhagavad Gita*）就出自《摩訶婆羅多》。今天這兩部印度最重要的史詩，仍以各種戲劇表演形式在南亞和東南亞演出。

第一部　歷史的向度

◉《法華經》第一品至第十品、第十二品至第十四品

第二章

開啟一門……第一品◉序品

《法華經》的第一品〈序品〉，帶領我們到摩揭陀國（Magadha，約今東北印）王舍城（Rajagriha）附近的靈鷲山。

佛陀與眾多弟子曾聚集在此，包括大迦葉、舍利弗、目犍連、阿難，還有成千上萬位比丘、比丘尼，佛陀的姨母摩訶波闍波提和前妻耶輸陀羅也在比丘尼眾中。此外，與會的還有數萬位大菩薩，其中有文殊師利菩薩、觀世音菩薩、藥王菩薩和彌勒菩薩。其他出席的有數千位天神，包括釋提桓因[①]、龍王[②]、緊那羅王、乾闥婆王、阿修羅王、迦樓羅王，摩揭陀國的統治者阿闍世王（Ajatashatru）和其王室眷屬、隨從也參與法會。當佛陀即將宣說《法華經》之際，這許多不同種類的眾生聚集而成的大眾，都出席了這場法會。

歷史與究竟向度中的佛陀

這一品不僅在歷史的向度上為此經的宣講架設好舞台，也顯露出究竟的向度，而作為整部經的概論。一如戲劇表演般，本品介紹即將看到的劇中人物，為數眾多的聲聞、菩薩、天神與神話中的眾生的出現，都讓我們首次領略究竟的向度，而知道聽聞佛陀宣說《法華經》是非常殊勝的機緣，是千載難逢的事。

首先，佛陀宣說大乘經《無量義經》，然後進入無量義處三昧，他入定時，天雨妙花，大地震動。佛陀從頂髻放光，[3]照亮各種不同的宇宙世界。所有會眾都能清楚地看見這些世界，歷歷在目，且對身邊發生的奇妙事蹟，感到無比驚喜。在所有世界中，可看到諸佛正在說法，對象是比丘、比丘尼、優婆塞、優婆夷等組成的龐大群眾，一如這世界的佛弟子。

當這奇妙的事發生時，彌勒菩薩——又稱「阿逸多」（Ajita，「無能勝」）——對自己說：「今天世尊將做一件特別的事，所以他才會放光，且展現這樣的奇蹟。」他轉頭問文殊師利菩薩：「為何佛陀顯現這些異相呢？」文殊師利回答：「今天世尊想要宣說大法，雨大法雨，擊大法鼓。」文殊菩薩接著描述自己曾親眼目睹過的一次類似事蹟，當時日月燈明佛，也宣講《無量義經》，入三昧，天雨妙花，並放光照亮一切宇宙世界，然後教授《法華經》。所以文殊師利菩薩說：「今天世尊——我們的導師釋迦牟尼，也即將教授《法華經》。」

〈序品〉這一品的目的是讓聽眾在心理上、精神上做好準備，以聽聞極為重要的教法——《妙法蓮華經》。為理解此經要義，在歷史向度中聚集於此的大眾，必須對究竟的向度有所認識，在過去另一個宇宙世界中，日月燈明佛也曾教授《法華經》。因此，此時所發生的奇蹟，只不過重演在另一個向度——超越一般時空認知的究竟向度——出現過的某個事件罷了。

就歷史的向度而言，釋迦牟尼佛是今天在此娑婆[4]（Saha）世界說法的佛陀；從這個角度來看，佛陀說法四十年，直到晚年才教授《法華經》。但以究竟的向度而言，釋迦牟尼佛和日月燈明佛是一非二，在此向度中，佛陀並未一刻停止教授《法華經》。

由歷史的向度理解究竟的向度

所以，〈序品〉開啟二門：第一扇門是歷史之門，是我們在一期生命中經歷的事件與所知所見；第二扇門是超越時空的究竟實相之門。每一件事，包括所有的現象，都涉及這兩個向度。當看著海面上的一陣波浪，我們可看到海浪的形狀，確定它在時空的定位。以歷史向度的觀點而言，有很多特質可歸屬於這道海浪，它似乎有開始和結束，有生、有滅，可高、可低，可長、可短。「生」、「滅」、「高」、「低」、「始」、「終」、「來」、「去」、「有」、「無」，這些觀念都適用於歷史向度中的一道海浪。

我們也受制於這些觀念。從歷史的向度觀察時，可看到自己受制於「有」、「無」。我們出生，但終將死亡；我們有開始，也有結束；我們來自某處，亦將歸向某處。這是歷史的向度，每個人都屬於這個向度。釋迦牟尼佛也有其歷史向度——他是人類，生於迦毘羅衛城（Kapilavastu），卒於拘尸那羅城（Kushinagara），在八十年的生命中曾教授佛法。

然而，一切眾生與萬物也同時屬於究竟的向度——不受制於時空、生滅、來去等觀念的實相向度。一陣海浪就是一陣海浪，但同時它也是水；海浪無須消逝以變成水，當下它就是水，我們不從有無、來去的角度來談論水——水永遠是水。為了要談一陣海浪，我們需要這些概念：海浪出現，然後消逝；它來自某處，或已去向某處；海浪有開始和結束；它或高、或低，比其他海浪更美，或略遜一籌；這陣海浪受制於生與滅。這些差異並無一項適用於究竟向度中的這道海浪——水，事實上，你無法區隔這道海浪與它的究竟向度。

即使習慣從歷史向度的觀點看待一切，我們仍可觸及究竟的向度。因此，我們的修行就變得像一道海浪——在歷史的向度中度過海浪的一生，同時理解自己是水，而過著水的生活。這是修行的根本要素，因你若知道自己的本性不來不去、非有非無、不生不滅，就會無所畏懼，且能安住於究竟的向度——涅槃、當下。你不必死亡以到達涅槃，當安住於自己的真實本性時，就已安住於涅槃。我們一如佛陀，有自己的歷史向度，也有究竟的向度。

在〈序品〉中，《法華經》向我們揭露這兩個向度——釋迦牟尼佛正是日月燈明佛，也正是從無始以來，以不同形體出現於其他宇宙世界中，教授佛法的諸佛。

注釋

①……釋提桓因（Indra）音譯為「因陀羅」，即帝釋天，為忉利天之主，佛教護法神之一。

②……龍王（Nagas，龍或蛇）、緊那羅王（kinnara，歌唱神）、乾闥婆王（ghandharva，音樂神）、阿修羅王（asura，半神半人）、迦樓羅王（garuda，神話中的巨鳥），本來都是印度民間傳說神話中的各類眾生，他們常出現於佛經中，作為聚集聽佛說法的大眾中的一份子，象徵佛法影響範圍遍及宇宙。

③……所有的佛陀頭頂上的隆起。

④……人類的世界（lokadhatu）。梵語Saha意指「堪忍」。

第三章 善巧方便……第二品◉方便品

《法華經》第二品為〈方便品〉。梵語 upaya 通常英譯為 skillful means（善巧方便）[1]，它是讓我們藉以達到目的，顯示修行的各種巧妙方法。因本品是整部經的基礎，所以它是《法華經》正文的開始。若我們能理解「善巧方便」這個基礎教法，就能掌握全經。

佛陀的觀慧無量無礙

本品一開始，釋迦牟尼佛出定，對舍利弗說：「佛陀的智慧深不可測，聲聞、辟支佛都無法達到這樣的智慧。」這項說明很重要。佛陀剛離開甚深的禪定狀態，且即將宣說這部極為重要的大乘經，此時他選擇誰作為說法對象呢？並非如文殊、彌勒這樣的大菩薩，而是他忠誠的弟子——舍利弗比丘。在《維摩詰經》中，舍利弗遭到輕視，成為受詆毀的對象，代表小乘佛教的一切缺點。但此時在《法華經》中，卻是佛陀關懷慈愛的對象，代表佛陀為了後世而傳授佛法的對象——比丘、比丘尼，以及男、女在家眾等四眾弟子。我們馬上即可見到《法華經》如何以調和大、小二乘為目的。

接著，佛陀頗為詳細地描述那種無量無礙的深遠知見——他曾依循無數諸佛的無量方法，而修學的智慧與理解。唯有佛才能圓滿、證悟諸法（一切現象）如是性或真實本質的知見。這種知見能洞見諸法的相（外觀）、本性、實質、力量、作用、因、緣、結果、報應，以及究竟本源的如是性，這些統稱為「十如是」[②]。許多學者與法師都說這段經文包含《法華經》的根本哲理，也耗費極長的時間與極大的篇幅，詳盡地加以分析。然而，「十如是」的意義可濃縮為一點：佛陀的智慧極其深遠，他以此知見而得以在現象界與究竟的向度中，看見時空中一切現象——諸法——的真實本質或究竟實相。

佛陀的知見甚深難解，還在聲聞或辟支佛階段的人，無法測度他甚深的知見。你以何種眼光觀察佛陀，就只能以那種眼光看到佛陀；若受到貪愛的驅策，透過這樣的眼光看他人，你所看到的每個人便充滿貪愛；若你感到憤怒，以憤怒的眼光和小心眼看待他人，那麼每個人在你眼中便充滿了憤怒和小心眼。所以，若你以聲聞或辟支佛的眼光看佛陀，就見不到佛陀的本來面目，只會將他看成一個聲聞或辟支佛。然而，佛陀的知見遠比聲聞、辟支佛來得深廣。

眾生未成熟，難接受妙法

佛陀描述這種廣遠的知見後，對舍利弗說：「停！我們無須再多說。當世人無法理解時，談論這些有何意義呢？」表面上看來佛陀似乎不願繼續說法，這也是一種善巧方便，因極為稀有難得的教法不能輕易傳授，否則將喪失它的真正價值。一個法師必須小心謹慎，不宜隨便對任何人說法，只有在人們的修行與理解夠成熟，能接受與修行某種教法時，才能夠教導那樣的佛法。聚集在佛陀身邊的大眾中，有人尚未具備接受這些新教理的能力，有些人會加以拒絕或反對。對說法的法師而言，情況往往如此，總會有人反對你的想法。

佛陀理解當天聽眾中有人尚未成熟，還無法接受真理。知道這些人將因反對《法華經》中的妙法，而為自己帶來傷害，所以佛陀說：「我們別再說了。這些教理非常稀有，極為深奧，難以理解，難以接受，只有佛才能理解。」

聽到佛陀如此說，舍利弗再次合掌，跪請佛陀：「世尊！我請求您詳細解說這件事。您為何殷勤地讚歎這極為深奧、微妙，又難以理解的佛法呢？」然而，佛陀再度拒絕，他說：「若我宣說此事，那麼諸世界中許多眾生，包括天、人、阿修羅將感到害怕，而那些相信自己已證悟，無須再多作學習的比丘，則將墮入懷疑與傲慢的深淵。」佛陀接著說出以下的偈頌：

止止不須說，我法妙難思。
諸增上慢者，聞必不敬信。③

但舍利弗不肯放棄，為了四眾弟子，一再乞求佛陀宣說妙法。他為所有誠懇的佛弟子向佛陀求法，且因已請求三次，按照慣例，佛陀不能拒絕，於是同意教授妙法。一聽到這裡，立刻有五千人起身，恭敬行禮後離開法會。這看似奇怪，其實經常發生，在公開說法中，當我上台宣布說法的主題時，經常有人起身離場，因他們不想聽那樣的主題。五千人離開後，佛陀說：「大眾中已不再有枝葉，只有堅實的果子。舍利弗！像這種傲慢的人離開也好。現在，仔細聆聽，我將對你說法。」

讀到這裡，我們可能會感到有些氣餒，佛陀將離開法會的人斥為不配接受教法者，這似乎有違大乘的精神，這是我們在《法華經》中首次碰到的一個缺點。《法華經》的要旨是一切眾生皆有佛性，從此一觀點來看，二乘人——聲聞與辟支佛自然也能成佛，比丘、比丘尼、男女在家眾、孩童都能成佛。所以，這段經文反映的，可能是早期大乘經中強烈批判小乘的精神，正是為了要處理這樣的缺點，所以《法華經》後來才添加了新的章節。

然而，這段經文有另一個層面，它顯露佛陀的另一種善巧方便。離開法會的人不覺得還有任何東西可學，以此態度便無法領受佛陀即將宣講的深奧法理的真義。佛陀知道這一點，所以會說這樣也好，若某人無法領受教理的真義，那樣的教理對他也會有害無益。聞法者準備妥當，以接受真正的法義與甚深的知見，這是很重要的，否則可能會陷入疑惑，拒絕接受教法，那比完全未聽過這些教法危害更甚。稍後，當有適當的時機，他們的修行與知見也已成熟時，就能接受這樣的教法。

三乘是方便，唯有一乘

這時，佛陀開始教授妙法。他解釋無論過去、現在、未來，一切時空中的所有如來之所以出現，只為了開顯、展現佛陀廣大的知見，並幫助眾生覺悟，進入佛道，讓他們也能成佛。為了帶領眾生入於佛道，諸佛運用「無量無邊的善巧方便」，以適合不同人格、習性的各種形式來教導佛法。佛法教授的形式可能是以散文演說（sutra，契經），或以韻文演說（geya，[4]祈夜），或是短詩（gatha，[5]伽陀）、佛陀過去世的故事（jataka，本生）、神異故事（adbhuta，[6]未曾有）、[7]因緣（nidana）、[8]譬喻（aupamya）、引文（itivrittaka，[9]如是語）、論議（upadesha，優婆提舍）。這許多不同[10]的教導方式，是佛陀教導不同理解程度的人所用的善巧方便。

在此，佛陀顯示出《法華經》中最重要的一種知見。諸佛用以教化眾生的種種善巧方便，只有一個目的——將眾生導入菩薩道，無論他們的心靈能力或成就，無論是修聲聞道或辟支佛道，無論在家、出家、男性、女性或孩童。在此之前，歷史上的釋迦牟尼佛曾教導一些概念，諸如通往阿羅漢果的三個階段的成就、個人涅槃、透過直觀緣起而獨自覺悟之道等，這些是小乘佛教的聲聞與辟支佛二乘。現在佛陀在《法華經》中顯示，二乘的教理只是一種善巧方便，用以觸及心靈能力或誓願較不廣大者。

有些人只想消除自己的苦難，覺得能做的就是讓自己解脫，所以開始修行，到梅村參加一、兩次閉關，並從中獲益——這是聲聞道。還有一些修行者能直觀十二支緣起的本質，達到自我解脫，但他們不想教育或指導他人——這是辟支佛道。有些人懷有更廣大的誓願，希望藉由修行佛法，組織佛法共住團體，與眾人分享修行的利益；他們不僅樂於自己的成就，而想和他人分享修行成果——這是菩薩道。所以，當時機成熟時，佛陀揭示[11]一乘道（ekayana）——大乘佛教涵蓋聲聞、辟支佛、菩薩這三道的大車乘。根據一乘法，你可以做得更多，能達到最高覺悟的果——成佛，並幫助許多其他眾生越渡苦海，到達解脫的彼岸。

佛陀肯定三乘為值得尊敬之道，但那並非究竟的教法，因其基礎並非菩提[12]心——奉獻一己的修行與證悟，為全世界帶來解脫、和平、喜悅的廣大誓願。聲聞道與辟支佛道的教導只是一種善巧方便，修行者透過這種方法，使心靈成長到能發起成佛的廣大誓願，並進入一乘。

佛陀教導這三乘，以因應眾生不同的程度與能力，以及不同的因緣、說法時機與情境。三乘的教理是歷史向度上的一種善巧方便，但從究竟向度的角度來看，佛陀的目標永遠是顯示最深的意義——究竟真理。一切如來之所以出現在世間，是為了要引導眾生認識[13]一乘道——佛乘——的究竟真理，也就是開顯、明示、覺悟、進入佛陀的知見。因此，《法華經》中揭示的一乘哲理，一向稱為「開三顯一」或「會三歸一」。三乘教不過是一種善巧方便，事實上唯有一乘。佛陀以偈頌說：

十方佛土中，唯有一乘法，
無二亦無三；除佛方便說，
但以假名字，引導於眾生。⑭

這段經文被視為《法華經》第二品的精髓。有這樣的知見，這部經達成前此所有大乘經無法完成之事，它調和、統整三乘教為一佛乘——其力足以載運所有眾生到達解脫彼岸的大車乘。這是妙法的核心，也正因如此，《法華經》被認為是「經中之王」——並非因它說出更深奧或神秘的理論，而是它能將所有佛弟子與修行道，重新整合為一個佛陀的大家庭。

注釋（譯注：❷）

①……漢譯「善巧方便」，略稱「方便」。

❷……參見《法華經》第二品：「**諸法如是相，如是性，如是體，如是力，如是作，如是因，如是緣，如是果，如是報，如是本末究竟等。**」（《大正藏》冊9，頁5c）

③……Hurvitz, p.28。（《大正藏》冊9，頁6c）

❹……「祈夜」是與經文相應的韻文，此類韻文出現於經典前段之散文體敘述之後，因其內容與經文相同，故稱「重頌」或「應頌」。

❺……「伽陀」又稱「孤起頌」，因這種韻文前無散文，或前接散文，但內容與韻文之含義不同。

❻……「未曾有」是記錄有關佛的種種神祕不可思議、前所未有的奇特境界，或讚歎佛的偉大功德者。

❼……「因緣」說明佛陀說法及制定戒律的由來緣起者。

❽……「譬喻」是為使人易於理解教說的意義內容，而使用實例或寓言等。

❾……「如是語」或稱「本事」，記載《本生經》以外的佛陀與弟子前生的行誼，或開卷語有「佛如是說」之經。

⑩……這九種教說的體裁臚列於《法華經》中。除此之外，在佛經「十二分教」的傳統名稱中，還有其他三種類型——未來的預言（vyakarana，授記）、有啟示性的格言（udana，自說），以及廣泛的教說（vaipulya，方廣）。（譯注：「優婆提舍」意譯為「指示」、「論議」，即注解佛陀所說的教法，使其意義更加顯明，是經中問答論議之一類。「授記」特指佛陀對眾弟子未來所作的證言。「自說」音譯「優陀那」，佛陀未待他人問法，而自行開示教說。「方廣」意指宣說廣大深奧的教義。）

⑪……「一乘」一詞最早出現於《念處經》（Satipatthana Sutta, *Majjhima Nikaya* 10）。參見 *Transformation and Healing: Sutra on the Four Establishments of Mindfulness*（Berkeley, CA: Parallax Press, 1990）。在此經中，修行正念被描述為通往解脫的「一道」或「一乘」。因此，這觀念在早期佛教傳統中已出現，雖然在《法華經》中它的重要性大增，但對大乘而言並不陌生。

⑫……「菩提心」字面上的意義是「覺悟（bodhi，菩提）的心（chitta）」。不只為自己解脫，也為幫助其他所有眾生解脫，而誓願達到覺悟，這是菩薩道的第一步。

⑬……「一乘」又名「佛乘」（buddhayana）。「菩薩乘」（bodhisattvayana）是用以區分菩薩道與聲聞乘（shravakayana）、辟支佛乘（pratyekabuddhayana）（後兩者通常稱為「二乘」）的不同，而佛乘則涵蓋上述三乘。

⑭……Hurvitz, p.34。（《大正藏》冊9，頁8a）

第四章

唯有一乘……

第三品◉譬喻品

《法華經》接下來的第三品至第九品的七品，稱為「詳說的七品」，用以進一步釐清善巧方便的觀念。在第二品最後，佛陀以偈頌宣說：

汝等既已知，諸佛世之師，
隨宜方便事，無復諸疑惑，
心生大歡喜，自知當作佛。①

佛陀授記舍利弗成佛

第三品〈譬喻品〉一開始，是舍利弗對這項重大真相的反應，乍聽這些深奧奇妙的教法，舍利弗起初心存疑惑，以為是魔王現身為佛陀，宣說錯誤的教法。眾生皆有佛性，都能成佛，並無二乘或三乘，唯有一佛乘——這些觀念幾乎超出他所能想像的範圍。這些深奧的啟示必定造成相當強烈的衝擊，舍利弗對這些啟示真實性的懷疑，是許多早期佛教傳統追隨者的典型代表；他們認為所有大乘經典其實都是魔王所說，目的在於迷惑聽法的大眾，讓他們誤入歧途。這段經文就是這種見解的遺緒。②

《法華經》描述舍利弗如何深入而仔細地觀察，看清的確是佛陀在教授這些深刻奧妙的教法，他頓時「踊躍歡喜」，拋開一切疑惑。雖然他以前修習聲聞道，但一聽到一乘的教法，立刻領悟自己也能成佛，於是生起菩提心：

我定當作佛，為天人所敬，
轉無上法輪，教化諸菩薩。③

舍利弗已決心成佛，而當他如此宣布時，就已進入菩薩道。聽到舍利弗如此說，佛陀答道：「舍利弗！你宿世跟隨我修行，我曾教你菩薩道，但你在這一生忘記此事而修習聲聞道，以為自己達到了修行的終極目標——涅槃。現在藉由教導《妙法蓮華經》，再度將你安立在菩薩道上。未來你將會在『離垢』（Viraja）佛土中成為『華光佛』（Padmaprabha）。你會一如我所作，教導三乘法以引導眾生，最後也會一如我所教，教導一乘。」

這段經文是一項授記。佛陀能辨識出一個人與生俱來的能力，看到此人將來能修證到何種境界，以及該修哪一道，以實現這些能力。一切眾生皆能成佛，但成佛方式各有不同，而每尊佛教化的方式也各異其趣。一個有智慧的老師看著自己的弟子時，就能看出每個弟子未來會修習哪一道，會達到何種修證境界；有了這層認識，為人師者就能幫助弟子更有信心，並在正確的道上修學。授記，是師徒間心靈能量的傳遞。

此時，其他參與法會的人親眼目睹佛陀授記舍利弗成佛，都心生歡喜，因他們瞭解，若舍利弗能成佛，那麼他們和所有眾生也都有成佛的能力，這讓每個人心中產生極大的喜悅與信心。但舍利弗唯恐與會的四眾弟子中仍有人心懷疑惑，因此請求佛陀運用善巧方便，深入解說一乘的教義。於是，佛陀舉出「火宅」的譬喻。

三界不安，猶如火宅

「三界不安，猶如火宅」是佛經中頻頻出現的一首偈頌。根據傳統佛教思想，三界是輪迴的三種存在層次——「欲界」，是我們所居住的凡夫世界，在此世界中，眾生受制於貪、瞋、痴三毒。「色界」，是層次較高的生存界，其中的眾生已斷除若干執著。「無色界」，是輪迴中最高的生存界，其中的眾生已解脫對形體的執著。縱然三界中較高的兩個生存界在某種程度上暫時止息三毒，但這三種生存界都在輪迴之中，沒有任何一個具有真正的平靜與安穩，它們就如著火的房子，處處陷阱，險象環生。

想像籠子裡的雞群彼此爭鬥，搶食玉米，也為了玉米、稻米哪一種較美味而打鬥。牠們一直為了幾粒玉米、幾顆稻穀而相互爭奪，渾然不覺再過幾小時就要被帶往屠宰場。我們也活在充滿不安定的世界中，但因深陷於自己的貪欲和愚痴，所以看不清這一點。

佛陀所舉的這個譬喻，講到某個富商有好幾畝地、成群的奴僕，還有一棟巨宅，裡面住著許多人。但這棟房子只有一扇門，屋裡充滿危險，並不是一處安全的住所。有一天，突然發生火災，富商看到房子著火，知道情況十分危急，因為孩子都在屋裡玩耍。他深愛孩子，不願他們葬身火窟，所以大叫：「孩子們！快跑！房子著火了，等一下會塌下來，你們都會被燒死。」

然而，這些孩子繼續玩耍，他們太專注於遊戲，甚至不曉得房子正冒著熊熊烈火。當終於聽到父親大喊要逃離屋子時，他們竟然充耳不聞，一點也不害怕，還說：「我們為什麼要到屋外去？火在哪裡？有什麼危險？」雖然屋子即將倒塌，他們仍玩得不亦樂乎，並不想離開屋子。

商人非常難過，但是在傷痛中還是找到了幫助孩子的方法。他心想：「這些孩子真傻，怎麼這麼喜歡玩！我要運用善巧方便，破除他們對遊戲的熱衷，才有機會救他們。」

因知道小孩喜歡玩貨車，所以他大喊：「孩子們！我幫你們帶回來幾輛很漂亮的貨車，有些是山羊拉的貨車，有些是鹿車，有些是牛車。這些車子的顏色、形狀都不同，若你們到屋外來，每個人都能擁有其中一輛車。」

孩子們一聽這話非常興奮，爭先恐後地奪門而出，前來觀看車輛。但一到屋外，只見一輛豪華的大白牛車，並無鹿車、羊車，只有大白牛車。但一看到這輛華麗的大白牛車，每個孩子都立刻想爬上車。

聽了這則故事，我們可能認為它不過是個童話故事，和日常生活無關。但若更深入觀察內心與周遭眾人的心境，就可能明白這譬喻表現出的真實處境。我們滿心貪欲，追逐外物——想成為公司裡的主管或總裁，想買名車、豪宅，或想到異國度假。被貪欲、愚痴驅策的我們，看不見自己所居住的世界就如一棟火宅。

講完譬喻後，佛陀說：「舍利弗！那個商人答應要給孩子很多種車子，但最後只給大白牛車。他為何要這樣做？因他摯愛的孩子理應獲得的，只有這種最好的車子，只有最上等的車乘才能相稱於他對孩子的愛，所以他給孩子們最豪華的大白牛車。你會說這個商人對孩子說謊嗎？」

舍利弗回答：「不！我們不能說他說謊。出於對孩子們的愛，商人已給了他們最珍貴的東西。他之所以舉出各種不同的車，是想投其所好，給孩子們想要的東西。」

佛陀說：「你說得對！商人的孩子中，有些喜歡羊車，有些喜歡鹿車，有些喜歡牛車，所以他才會說，想要羊車的人有羊車，想要鹿車的人有鹿車。他提出這幾種不同的車讓孩子們歡喜，但最後因他只想給他們最好、最珍貴、最豪華的車，因此只給孩子們大白牛車。眾生就像這樣，有些人喜歡聲聞乘，有些喜歡緣覺乘，有些喜歡菩薩乘，但最後佛陀給眾生最珍貴的車乘——超越其他三乘的一乘。雖然我曾說過三乘，但實際上只有一乘。」

此經告訴我們，佛陀對自己說：「我是眾生之父，必須解救眾生免於困境災厄，給眾生無量無邊佛智的喜悅。」此處的「父」字象徵佛陀對於他的孩子——一切眾生——的愛與關懷；身為人父者，會用盡所有辦法解救孩子免於險境。這就是佛陀對我們的感覺，他看到我們執著於眼前的遊戲而活在假相中，看不見自己處境的危險。所以，佛陀出於父愛，運用各種方法引導眾生離苦。

進入一乘，皆為菩薩

一個佛弟子就是佛陀的心靈之子。父母讓我們來到這個世界，賦予我們肉體；而開始修行時，幸虧有佛陀，我們的慧命得以重生。經中說佛弟子「從佛口中生」，因從佛口中傳出真實教義之聲，而從真實教義產生我們的慧命。佛陀作為眾生心靈之父的這個美好意象，正是他大愛的象徵。在此，「父親」這個觀念只是象徵一顆能涵蓋所有眾生的愛心，與權威或統治無關。這位父親不會突然暴跳如雷，不會處罰我們，或把我們打入地獄。他的職責只有愛，就因這位父親愛他的孩子，所以運用不同的方法——善巧方便，把孩子救出險境。偈頌中說：

諸佛世尊，雖以方便，
所化眾生，皆是菩薩。④

不只是現在的釋迦牟尼佛，遍時空一切諸佛都運用善巧方便，將眾生帶離火宅。佛陀最初的教法，如四聖諦、八正道、三法印、阿羅漢的聲聞道、緣起等，⑤都是作為善巧方便而教授的，目的是要觸及尚無能力接受妙法這種直接教義的人。所謂「妙法」，就是一切眾生本質上的佛性——成佛的能力，其實也就是他們成佛的保證。一旦眾生能進入一乘，就都成為菩薩。《法華經》這一品中的這兩個觀念非常重要。

涅槃不離世間

聲聞乘四聖諦等教法的傳授，是為了幫助人們解脫愚痴，減輕一些苦難，這種修行道的成果是涅槃。「涅槃」（nirvana）字面上意指「中止、熄滅」，就如人吹熄燭火般。這觀念表示你會離開輪迴的火宅，永不再生。但拋下個人的愚痴，以為涅槃是熄滅，這些都並非真正的解脫，那是解脫的一部分，卻非解脫的全貌。以涅槃為

「熄滅」的這種觀念，是一種教法上的善巧方便，目的在引導人們進入修行道。

對於涅槃，大乘提出不同的見解：涅槃不離我們在世間的生存，當能觸及實相的究竟向度時，真正的涅槃就可能在當下出現。就如波浪無須消失，以安住於它的究竟向度——水，我們也無須讓自己「熄滅」以達到涅槃。當我們觸及自己的真實本性——究竟的向度時，就解脫了對存在與不存在的恐懼。我們知道「輪迴」與「涅槃」只是歷史向度這領域中的分別而已，在究竟向度中並無差別。身為菩薩，有了成佛的保證，我們歡喜地逐生死之浪而行，無憂無懼地住於輪迴，以幫助引導其他人達到解脫。

佛陀在偈頌中說：

我為法王，於法自在。[6]

佛陀——法王，他掌握一切事物（諸法）的真實本性，掌握一切事物的究竟向度，所以有能力運用種種善巧方便，在現象界——我們稱為「輪迴」的有形世界，教導眾生。這種種不同的教法就是「法門」[7]，佛陀就是能隨心所欲地進入任何法門的人，他能自在而有技巧地運用這些法門，一如偉大的詩人知道如何以高度的藝術與技巧來使用字詞。所以，教法可能以不同的形式出現，但究竟而言，一切教法都通往一佛乘，所有眾生在這一乘中，證悟自己本具的佛性。這是時空領域中絕對的自由，不離輪迴世界的涅槃，也是大乘偉大的洞見。

注釋

①……Hurvitz, p.47。(《大正藏》冊9，頁10b)

②……從心理學的角度來看，這段經文描述《法華經》出現時某些人的心境，但同時也描述我們這時代某些人依然秉持的觀點。

③……Hurvitz, p.53。(《大正藏》冊9，頁11b)

④……Hurvitz, p.74。(《大正藏》冊9，頁15a)

⑤……「三法印」是無常、無我、涅槃，那是真實佛法的三項標誌。關於三法印，詳見Thich Nhat Hanh, *The Heart of the Buddha's Teaching* (Berkeley, CA: Parallax Press, 1998), pp.122-135。

⑥……Hurvitz, p.75。(《大正藏》冊9，頁15b)

⑦……許多大乘經中出現「法門」一詞，常有「八萬四千法門」之說，這是一個象徵數字，代表契入佛法的無數種教法。

第五章

窮困的兒子……
第四品◉信解品

《法華經》第四品〈信解品〉，也透過譬喻舉例，深入闡發善巧方便的教法。在這一品中，說故事的並非佛陀，而是他的四位弟子——須菩提（Subhuti）、摩訶迦旃延（Mahakatyayana）、摩訶迦葉、摩訶目犍連。幸而有佛陀教授《法華經》，這四位比丘才能證悟，於是他們跪在佛前，對佛說：「我們屬於聲聞乘，因是出家很久的長老，自以為已證得涅槃，再也無其他任務需要完成，也不會想圓滿覺悟而成佛。但現在佛陀既然打開我們的眼界，讓我們理解前所未知的真理，且清楚地解說，我們就已獲得菩薩源源不絕的活力。為了表達對您的感激，我們希望對法會大眾說一個譬喻。」於是這幾位比丘便講述了「窮子喻」。

富商善巧方便，建立窮子的自信

從前有個人，年紀輕輕就離家出走，在外流浪了五十年，窮困潦倒，一直在努力維持生計。有一天，就在他早已忘記自己的出生地與家庭之際，回到了故鄉，渾然不覺自己曾經離家。此時，他的父親早已經商致富，多年來一直懷念失去的孩子，對兒子如此年輕就離家出走感到十分遺憾。在後繼無人的情況下，富商相信自己的家產日後將會散盡，但他從未對旁人提及這樣的處境，而這也使他更加失落、遺憾。

有一天，窮困的兒子來到富商的豪宅，想找工作出賣勞力。從門口往裡面仔細一瞧，他看到富商坐在一張獅子寶座上，兩腳擱在貴重的腳凳上，眾多婆羅門、貴族和其他富商，恭敬地圍在這個有錢人身邊。這個人非常富有，達官貴人，甚至皇親國戚都登門造訪，和他交好。他的豪宅富麗堂皇，有寶石製成的帷幕、美麗的花鬘，還有香水噴泉。看到這種景象，窮子自問：「我為何來到這裡？這太危險了！他們可能會把我抓起來，關進監獄，像我這種人在這種豪華的宮殿裡是不受歡迎的。」於是，他就離開了。

然而，當他站在門口時，富商立刻認出他是自己的兒子。他心中甚為激動，與奮地命令僕人前去追回站在門口的那個人。但當窮子看到豪宅的僕人尾隨在後時，感到非常害怕。他對僕人說：「先生！我沒做錯什麼事，也沒冒犯任何人，為什麼你要抓我？」可是僕人必須達成主人的指示，所以他抓著窮子，強拉他回到富商的宅第。窮子驚慌失措，心想：「完了！現在我已被抓起來了，他們會把我處死。」他非常恐懼，以致昏倒在地。

就在此時，父親看到自己犯的錯，雖然自己的所作所為是出於父愛，但他知道帶回孩子的這種方式過於強勢。我們也常以這種方式愛人，有時強烈的情感會讓所愛的人感到窒息，我們太想對他們表達愛意，以致愛得太過。所以，有時即使深愛某人，我們也得謹慎，別讓自己強烈的情感嚇壞了所愛的對象，或讓對方無法消受。看到兒子因害怕而昏倒，富商對自己的行為感到極端懊悔。他把一些水灑在兒子臉上，讓他甦醒。當窮子醒來時，富商並未滔滔不絕地表明自己是他的父親，或表白對兒子的愛，反而對他說：「我弄錯了，錯抓了你，我以為你犯了法，其實你並沒有。你是清白的，可以自由行動了。」

這是愛的真諦，真正愛一個人，就要讓他或她自由。若把一個人綁在我們的愛裡，就算這束縛是以愛所結成，那也並非真正的愛。聽到自己重獲自由時，窮子喜出望外，他一生從未像此刻般快樂。他沒有額外獲得任何東西，卻狂喜不已，因為重新獲得的是這世上最珍貴的一件事物——自由。

富商此時正運用一種善巧方便。他知道若太快或太唐突地想把失去的兒子帶回身邊，兒子可能無法接受。因此吩咐兩個人穿上骯髒、殘破的衣服，喬裝成窮人，跟在兒子身後，與兒子交往。接著，這兩個人會要窮子跟他們做點工，然後付他一點工錢。不過，富商交代要讓窮子做最低賤的工作，例如清掃糞便、載運垃圾等，連收入微薄者也避之唯恐不及的工作。他知道兒子一輩子赤貧，沒有收入來提升自己，所以除了最卑微的工作之外，不相信自己有能力做任何工作。有這種低賤的工作可做，窮子自然知道自己能勝任，且會覺得走運；他不需要其他任何東西，也不渴望更大的幸福。

幾個月後，窮子在富商家附近工作，父親因仍然十分想念兒子，所以喬裝易容，取下所有金銀珠寶，將華服換成布衣，然後接近兒子，跟他結識。雖然富商將自己打扮成平常的工人，仍難掩貴族的模樣與權威。遇到窮子時，他非常親切，熱心地問：「你從哪裡來？在這兒工作多久了？吃得飽嗎？拿到的工錢還過得去嗎？」富商對失去的兒子深切的愛，就從這些問題流露出來。他又對兒子說：「雖然你不是我的兒子，但我把所有幫我工作的人看成自己的孩子，所以你大可不必怕我。」

富商運用這些善巧方便，降低兒子的害怕與自卑感，逐漸建立他的自信心，也以此方式接近其子。他稱讚兒子力氣大、忠心、誠實、尊敬他人，於是窮子對富商漸漸有了感情與信任感。富商並未對窮子透露兩人的親子關係，因他知道窮子不會相信，所以他告訴窮子：「我把你看成自己的養子。」窮子高興極了！他這輩子從未有人對自己如此和藹。這時他已變成這一家之主信任的助手了，可自由地進出宅第，不用擔心害怕，若干重要任務也交付給他。但他仍相信自己是被收養的，是獲得主人信任的僕役，而非親生的子孫。雖然窮子擔任總管，負責重大的決定，掌管大筆錢財，可是他仍抱著僕人的心態。

聲聞弟子打開眼界，誓願成佛

我們在此開始看出這個譬喻的意義。根據小乘的教義，聲聞弟子無法如釋迦牟尼佛般證悟深奧的知見而成佛。所以，聲聞弟子缺乏自信，以為自己沒有或不能培養出菩薩的心靈能力，引導他人解脫，只能自己證得涅槃——適合他們的只有羊車或鹿車，他們不相信自己夠資格擁有佛陀華麗的白牛車。

在這譬喻中，富商（佛陀）無法立刻對窮子（聲聞弟子）透露自己是父親，所以他謹慎地建立起兒子的信心，並拉近彼此的距離。最後，窮子將能理解接受自己有資格繼承萬貫家財。然而，一項真理——尤其是有關自己的本性，過去我們從不相信有可能存在的事實——必須在適當的時機透露，若時機不對，聽眾在心理上或精神上還未準備好，透露真理可能會造成嚴重的傷害。所以，佛陀一開始傳授小乘教法，唯有到後來當弟子精通這些教法，且修行夠成熟時，才對弟子們顯露菩薩乘的教法。若他當時操之過急，他們就會排斥菩薩乘的教法。佛陀運用善巧方便，在最恰當的時機傳授適當的教法，以便最終引導所有弟子到達一乘。

在這譬喻中，富商也必須等待時機成熟才說出事實。他慢慢地、漸進地建立兒子的自信，讓他相信自己是有價值、有能力的。到了富商病重，自知來日不多時，他知道說出自己和窮子真正關係的時候到了。他安排了一次聚會，邀請國王、皇室、達官顯要、軍事將領、學者等人——這項細節的說明，顯示富商擁有很大的權力與影響力。然後，他把窮子帶到大眾的面前說：「你們只知道這個人是我們家的總管，但其實他是我的兒子。」窮子一生中從不敢想像自己是個具有龐大權勢、財富者的兒子，但此刻時機已成熟，可說出事實真相而不會造成任何傷害了。兒子聽到這個事實，也接受它，理解「過去未曾理解之事」。

譬喻中的這一刻相當於佛陀教授《法華經》時，他表明人人皆有佛性，都能成佛；而窮子的心境——他的領悟，正如同聲聞弟子聽聞、接受自己也是真正佛子，是成佛道上的菩薩時的心境。他們不再相信只能達到自我的解脫，知道自己的能力可有更高的成就。疑惑一掃而空後，他們歡欣鼓舞地說：

我等今日，得未曾有，
非先所望，而今自得。
如彼窮子，得無量寶。
世尊！我今得道得果……
我等今者，真是聲聞，
以佛道聲，令一切聞。①

須菩提、迦旃延、迦葉和目犍連等四位比丘所說的這則譬喻，目的在於打開其他聲聞弟子的眼界。因一般聲聞弟子認為，修行若達到一己的解脫就已足夠，也覺得自己已達到成就的極限。雖然他們聽聞了《法華經》的妙法，卻仍不相信；也曾聽佛陀說過菩薩引導一切眾生解脫的修行，卻因尚未產生遠大的抱負，所以對菩薩道並無興趣。但這四位比丘知道，聲聞弟子的成就必定遠比現有的成就偉大，所以對其他比丘、比丘尼說出這則譬喻，向他們透露，他們的真實命運是繼承佛陀的神聖志業。

注釋

①……Hurvitz, pp.97-98。（《大正藏》冊9，頁18c）

第六章

一味法雨……第五品◉藥草喻品

古代印度的醫藥取自草葉與植物，而《法華經》第五品的品名〈藥草喻品〉就指出這件事實。此品舉出佛陀運用善巧方便的另一個例子，他對迦葉描述自己如何透視眾生的內心，並根據其結果給予最適當、善巧的教導，就如良醫針對每個人的病症而開出正確的藥方。

在適當時機，善巧說法

一場佛法的開示成功與否，並非取決於說法老師的口才，或他對佛法理解的深淺。佛法的教化力量，完全在於法師對於聽法者心理的瞭解與清楚的認識。說法永遠必須在兩方面做得恰到好處——必須完全符合佛法的精神，同時必須完全因應說法的時機。若只符合教法，而不符合聽眾需要，這樣的說法就是不好、不合適的。

佛法就如明燈，幫助人們深入觀察自身的處境而解脫苦。當一則教法碰觸到真正切身的問題和真正的痛苦時，它就能去除聽者心中的障礙與困境。當你聽到說法是忠於真正的佛法，以及符合聽眾實際的情況、狀態時，你會感覺它直指個人問題，就如法師在心中單獨對自己說法一樣。若是很多人都有這種感覺，就表示這是場善巧的說法。

法師對聽眾心理的洞悉來自深觀學生的情況——觀察學生，注意傾聽他們說話，以便理解他們。我們能理解學生，提出的教導就能對其生活有好的影響。善巧的老師對某個人可能給予特殊的教導，對另一個人可能就大不相同。有則大家都很熟悉的故事，有位中國禪師被學生問到「狗是否有佛性」時，他說「有」；但另一個學生問同樣的問題時，他卻說「沒有」。

眾生有無佛性，這不是只因我們在經典中讀過，或因堅守某項抽象的原則、理論，就能被傳授。一種教法不只是一套觀念或資訊，而是一種工具，一種善巧方便，幫助聽聞教法者去除障礙，得以解脫。當老師深入觀察提問者的心理和精神狀態時，他可能會回答「有」，因這答案對提問的學生最有益；但他可能會對另一個學生說「沒有」，以幫助學生更深入地觀察。對某些學生，我們要輕聲細語才有效，對其他學生卻得大吼。對不同的學生以不同的方法，這跟個人的偏好無關，只是反映出老師對每個學生特殊情況的洞察。

在這一品中，佛陀對迦葉說：「比丘！你應知佛陀是法王，如來所說的話皆不虛妄，永遠都是真實的。若如來說某件事物存在，那是真實的；若說某件事物不存在，那也是真實的。若如來教導大乘，那是真實的；若如來教授小乘，那也是真實的。」佛陀以他偉大的智慧，用當下最適當的形式給予教導，但他所有的教導都能讓我們達到「一切智」[1]（sarvajñana）的層次，也就是最高的絕對智慧、遍一切的智慧。在深入觀察中，如來有能力了知一切眾生的狀況，以及所有教法的究竟成果；他徹底了知一切法，也有能力透過種種教導的善巧方便，對所有眾生展現他圓滿的智慧。

佛陀教法，如一味雨

佛陀在這一品所用的例子是藥草。全世界有無數的山谷、田野、花園，其中包含無數種植物，每種植物都有其名稱、性質、生命週期、特定的能力，以及特性，沒有哪兩種植物完全相同。眾生也是如此，有許多不同的類型，某人的活動領域是這樣，另一個人的社會環境則是那樣。因此，眾生就如在不同環境中生長的無數種植物。

有一天，雲出現了，覆蓋整個宇宙，然後下起雨來，雨水滴落在所有植物的身上。有些植物非常微小，莖幹很細，有些則是闊葉巨木，還有些植物介於兩者之間。世界上有這麼多種植物，但每種植物都能依照自己的需求與能力，從雨水中充分獲益。

佛陀的教法就像這樣，佛法的雨水不只降落在一種人身上，無論是聲聞、緣覺、菩薩、出家人、在家人、婆羅門、農民、工人、戰士、男性、女性、小孩、青年、成人、老人，所有人都從如來的教法中獲益。佛法普世通用，適合所有種類的人，不只針對某種社會階級、國家或聲聞乘、菩薩乘等的理解。

眾生無法馬上看出自己的真實本性，但佛陀有此能力。如來深入觀察不同的眾生，他們的型態、本質、與生俱來的氣質，所以能提出對他們最有益的佛法。因看出某類弟子最有能力遵循某種特定的修行道，於是佛陀就打開那一種法門。大乘經典常提到「八萬四千法門」，這種說法是表示有無數的教義與方法，是眾生得以憑藉而獲得解脫的。

偈頌將佛法描述為「一味」，就如雨水，它只有一種功用與效果——滋養所有植物，使其生長。如來作為善巧方便而提出的不同教法，也只有一種味道——解脫與救度所有眾生到達平靜、喜悅國度的遍一切智慧。

注釋

❶……佛能了知一切法，故佛智名「一切智」(sarvajñana)。

第七章

涅槃化城……——第七品◉化城喻品——

前面談到的三品都是譬喻，因第七品〈化城喻品〉也是譬喻，為了使討論更清晰順暢，我們將先探討第七品的譬喻，然後再討論談及「授記」[①]的三品。

化城止息疲憊，非真正解脫

「化城喻」講的是一段遙遠而危險的旅程。話說有一群人展開一趟五百由旬[②]的尋寶之旅，領隊是一位非常老練的嚮導，對整個地區的地勢瞭若指掌，他帶領這些人長途跋涉，穿越充滿多種可怕生物的沙漠地帶，因而被稱為「指引前進的老師、指路的人」。

這段旅程相當漫長，且有重重危險與不幸降臨在這群人身上，路途還未走到一半，這些人就疲憊不堪了。他們筋疲力竭，覺得再也無法前進，最好是掉頭回家。我們很多人都經歷過類似的氣餒與絕望感，也許是有很多事要做，又不知如何完成所有的任務；也許一開始幹勁十足，非常熱切，但一路下來遭遇種種障礙與挫敗，就開始覺得無以為繼了。

當這群人即將放棄之際，嚮導告訴他們：「只要繼續再走一小段路，很快就會到達目的地了。」事實上，嚮導明知還有很長的路要走，但他運用善巧方便，施法變出一座城市，然後告訴眾人：「不遠處有座很棒的城市，我們可在那裡養足精神，恢復體力。」聽他這麼一說，大家莫不鼓起精神，繼續向那座城市推進。抵達之後，每個人都能吃、喝、洗澡、休息，直到覺得完全恢復為止。因他們在此城中感到非常快樂、身輕體健，因此想留下來，不願再踏上艱困的旅程。他們對自己說：「如果繼續走，代表要吃更多苦，碰到更多危險，而光是走到這裡，我們其實就已經很了不起了。」

他們忘了此行的目的不只是在這座化城中享福而已，而是去發現藏寶庫。當嚮導說該繼續上路時，每個人都說：「不！讓我們留在這裡吧！再走下去有何意義呢？那只會讓我們感到疲憊而已。」

我們這時代也有這種人，他們說：「我已修行，也獲得一些成果了——我在生活中更有正念，也更自在，覺得較快樂、平靜，這就夠了。為何我還要如此辛勞地去為別人建修行中心、安排禪修活動呢？這種工作既困難又累人，要跟各種人碰面打交道，其中有些人實在很難相處，待在家裡還比較容易。」有這種想法的人就困在化城裡。

所以，嚮導——指引前進的老師，再度運用善巧方便。他說：「你們真的以為這座城市就足以滿足自己真正的需求嗎？留在這裡享受生活是很美妙，但這只是一個休息站，並非真正的解脫之地。若你們到達寶山，就不會白白浪費自己的生命。」嚮導千方百計地幫助眾人提高意願繼續上路，幫助他們產生力量，離開安逸的住處，尋找充滿珍貴寶藏的真正寶庫。

涅槃只是化城，一乘才是究竟

佛陀就是老練的嚮導，指引我們前進的老師，他只給我們一條道路——一乘，以到達一切智，可是我們只到半途就累壞了，所以佛陀創造了一座化城——涅槃，也就是小乘道的目標。嚐到個人涅槃的果實，我們非常喜愛那種味道，以致認定那對自己而言就已足夠，不想再求取其他任何成果。

這種態度背後是一種自卑情結，我們不相信自己能成佛，而認為只有像佛陀這樣偉大的人物才能達到圓滿的智慧，一般人並無這種能力。就歷史的向度而言，佛陀一如我們是人，但在他般③涅槃之後，人們非常懷念他的存在、人格，即使他一再告誡弟子：「別皈依任何一個人，只要皈依法，皈依你自己。」但他一直是僧伽皈依的對象。因此，佛弟子開始將佛陀層層掩蓋於神秘玄想之中，使他變成受人膜拜的神祇，他們開始相信佛陀是獨一無二的，於是佛陀失去了做為人的身分。比起佛陀般涅槃後，被創造出的神性那一面，他人性的這一面是我們比較容易親近的。④

聲聞乘覺得無法獨力成佛，無法跟佛陀相提並論，因佛陀太偉大了，他是獨一無二的。連同這個信念的是一種感覺：你沒有成佛的「需要」，所以也無須培養菩提心——成佛的發心——以幫助他人。你有許多苦難，也想終結自己的苦難，於是你只在乎自己的安全與解脫，滿足於一條狹小的道路，滿足於小小的涅槃。

出於對我們的慈悲與愛，佛陀最初教授小乘涅槃的教法，可是一段時間後，經驗老道的嚮導告訴我們，該繼續上路往前走了。雖然很多人對停留在個人涅槃中享受平靜與喜悅，就心滿意足了，但佛陀提醒我們，終極的目標是到達一切智的彼岸，然後對他人伸出援手，讓他們也能到達解脫。我們從聲聞乘之道走上大乘的菩薩道，繼續旅程，直到終點。

注釋（譯注：❸）

①……授記（vyakarana）是佛教十二分教之一，這十二種佛經體裁中有九種（包括「譬喻」在內）臚列於《法華經》第二品中。

②……由旬（yojana）是古印度測量距離的單位，一由旬大約相當於十五哩，這個度量衡根據的是一天步行可達的距離。

❸……般涅槃（parinirvana），「般」（pari）意指「完全」，「涅槃」（nirvana）意譯為「圓寂」，原指熄滅，或表熄滅的狀態；其後轉指煩惱之火滅盡，而獲得覺悟，這是佛教修行的終極目的。

④……在我的著作 *Old Path, White Clouds*（Berkeley, CA: Parallax Press, 1991）中，我是打算幫佛陀以人的身分再度顯現於世，好讓我們能將他當作如一般的人來接觸。

第八章

授記成佛……

第六品◉授記品
第八品◉五百弟子授記品
第九品◉授學無學人記品

《法華經》第六、八、九品與「授記」有關，在這幾品中，佛陀預言各類弟子與信徒未來將會成佛。

授記迦葉等四位比丘將成佛

他最先談到的是迦葉、須菩提、迦旃延與目犍連，就是這四位比丘舉出「窮子喻」，以幫助其他聲聞弟子永斷疑惑，接受一乘的教法。在第六品〈授記品〉中，佛陀預言迦葉將成為「光明佛」（Rashmiprabhasa），他所建立的莊嚴佛土稱為「光德」（Prabhasaprapta）。接著，佛陀預言須菩提將成為「名相佛」（Shashiketu），統轄的淨土稱為「寶生」（Ratnasambhava）；迦旃延將成為「閻浮那提金光佛」（Jambunadaprabhasa），目犍連將成為「多摩羅跋栴檀香佛」（Tamalapatracandana）。這四尊未來佛所居的佛土都被形容得美輪美奐，有各式各樣光彩奪目的裝飾品，且無任何艱困、痛苦。

這短短的一品，用以確認這四位比丘未來成佛之事。幸而有佛陀教授《妙法蓮華經》的教法，這些原為聲聞弟子的比丘此時都已進入菩薩道，以幫助帶領一切眾生到達解脫的彼岸，因此他們確定能成佛。

授記富樓那將成佛

在第八品〈五百弟子授記品〉中，佛陀預言富樓那未來亦將成佛。他是佛陀十大弟子之一，全名為富樓那彌多羅尼子（Purnamaitrayaniputra，意即「彌多羅之子」），彌多羅（Maitrayana）是其母的姓氏，梵文原意是「慈愛的圓滿」。在佛陀的資深弟子中，富樓那被喻為「說法第一」。佛陀預言四比丘成佛時，他也在聽法的會眾中，因深受佛陀預言的感動，在佛陀說法時肅立於佛陀身邊不遠處。然後，佛陀看著富樓那，開始讚歎他的美德與修行，也預言他會成為「法明佛」

（Dharmaprabhasa），佛土稱為「善淨」（Suvishuddha）。

在善淨佛國中，每天以「法喜食」與「禪悅食」兩種食物供養眾人。「法喜」是能聽聞、學習佛法時的喜悅感，當我們聽人說法，參與討論佛法，或學習教法時，心中會感到極大的喜悅。法喜食屬於研究的領域，而禪悅食——禪修時的專注，則是修行的領域。在全神貫注地聽法時，你同時享受這兩種食。「法喜」、「禪悅」二詞皆取自《華嚴經》中的偈頌。

授記五百比丘將成佛

佛陀預言富樓那成佛後，會眾中的一千兩百位阿羅漢心想：「現在富樓那被授記成佛，若佛陀也為其他所有弟子授記成佛，我們必然欣喜異常。」佛陀能了知法會大眾內心的想法，所以又為弟子憍陳如（Kaundinya）與其他五百名阿羅漢授記成佛。

憍陳如代表出家學佛最久的弟子，他是隨同成佛前的悉達多修行的五位苦行僧中最年長的一位。當年悉達多[1]在苦修至瀕臨死亡之際放棄苦行，沐浴飲食，然後端坐於菩提樹下，這五位苦行僧因此棄他而去。悉達多證悟成佛後，動身尋找昔日這五位同伴，想將學習所得傳授給他們。這五個人雖曾排斥佛陀，但被他安詳且容光煥發的神采深深打動，於是同意聽聽他想說什麼。就這樣，五人在鹿野苑（Sarnath）聽聞佛陀第一次說法談四聖諦，成為佛陀的僧團中第一批成員。

繫珠喻

獲知預言成佛後，憍陳如與其他五百位阿羅漢歡欣雀躍，他們來到佛陀前，深深地躬身作禮，以表達對佛陀的感激，接著說出以下這則「繫珠喻」。

有個人到朋友家中飲酒，結果喝醉而倒下呼呼大睡。他的朋友必須出遠門一陣子，但因愛護朋友，想照顧他，所以小心翼翼地在他的衣袍內褶中縫入一些珍寶。當這人從宿醉中清醒時，看到朋友已離家，所以也離開了。他渾然不覺自己衣袍內褶中有珠寶，四處流浪想找工作，但遭遇許多困難，過著貧困潦倒的日子。

多年後，這窮困的人仍穿著同一件袍子，只是衣服已又髒又破了。有天他意外碰到那個老朋友，朋友問他：「你怎麼會這麼窮？多年前我離家時，在你衣袍褶邊裡縫了許多珍寶，你都沒發現嗎？」說完，他拿起窮朋友的衣服，拆開褶邊的縫線，露出藏在其中的珠寶。

這譬喻很像「窮子喻」，窮子忘記自己真正的命運是富人之子的身分，就如聲聞弟子不知自己真正的命運是佛子一樣。佛陀也是個想照顧我們的益友，他給我們許多珍貴的教法，我們卻毫不知情，並未發現它們的存在，所以在心靈極度貧乏的情況下生活。現在，我們能看到佛陀早已縫在我們衣袍內褶的珍寶，也開始能過著菩薩的生活，這就是五百羅漢所說譬喻的意義。透過妙法的教導，他們此時看清自己也具有成佛的能力，那是大乘真正的精神寶藏。

授記兩千位有學與無學者將成佛

在第九品〈授學無學人記品〉中，佛陀預言阿難、羅睺羅兩位比丘成佛，他們兩人代表所有在修行上年紀尚輕的比丘、比丘尼。佛陀預言他們成佛，目的是表示不僅年長且在心靈上有成就者將會成佛，年輕的比丘、比丘尼也能成佛。預言阿難、羅睺羅會成佛後，佛陀接著預言其他兩千位有學與無學者也將成佛。②「有學」是指仍在受訓學習如何修行教法的人；「無學」指已完成訓練者，他們有足夠的慧與智將修行融入生活中的每一刻。

此處的「有學」與「無學」不同於一般世間理解的學習者與非學習者，而有其特殊的理解方式；在修行上尚未精通的稱為「有學」，修行已臻純熟的則為「無學」。

就算剛開始入道，許多方面仍有待學習，這樣的人佛陀也預言會成佛，就如無學的阿羅漢與其他大弟子一般。這種預言反映出《法華經》廣大的包容性，無人被遺漏，一乘的大白牛車夠寬敞，足以將所有人運達成佛的境界。在下一章中，我們將看此經增補的部分，如何進一步擴展這種兼容並蓄的精神。

注釋（譯注：❷）

①……有關佛陀生平故事的完整敘述，參見 *Old Path, White Clouds*. Chapter 5, "A Bowl of Milk,"，該章敘述悉達多因數年苦行幾近死亡之際，發現介於縱欲與苦行之間的「中道」。（譯按：本書中譯本《一行禪師說佛陀故事II：竹林篇》，於二〇〇五年由法鼓文化出版）

❷……「有學」是指證得須陀洹道與果、斯陀含道與果、阿那含道與果、阿羅漢道等七種聖者。「無學」則是指證得阿羅漢果的聖者（已無可學的學畫者）。

第九章

提婆達多可成佛……【第十二品◉提婆達多品】

佛教學者已確定在《法華經》漫長的發展過程中，第十二、十三、十四品是非常晚近才增補的部分。這三品的內容隱隱顯示，它們的補入是為了進而擴大此經對一切眾生具有佛性的肯定。

犯重罪者也有佛性

在第十二品中，佛陀預言其堂弟提婆達多將會成佛。此品的目的是要表明，即使犯五逆①罪者也未喪失成佛的可能性。佛陀以曾對他與僧團犯下最嚴重罪行的最棘手人物為例，來重申「一切」眾生皆有佛性。

提婆達多的故事大家耳熟能詳，他是個聰慧過人，又極有群眾魅力的比丘，但因其野心，造成僧團的分裂。他起初試圖讓佛陀指定自己為僧團的領袖，因為當時佛陀年過七十，無論生命或教化都已幾近尾聲，但佛陀雖自認為是個老師，鼓舞大家前進，但並未將自己視為僧團的領導者，也無意指定任何人為領導者，所以他拒絕提婆達多的請求。

提婆達多接著便聯合頻婆娑羅王（Bimbisara）之子——阿闍世王子，陰謀篡奪王位，以便讓阿闍世登基為王，而自己則能獲得僧團的掌控權。提婆達多到佛陀僧團的集會前，提出一套比丘的苦行規範②，企圖表現其修行方式更為嚴肅且刻苦自勵。但佛陀並未接受這些新的僧團規範，不過他表示，任何比丘可自由地選擇修行這套規範。提婆達多很有群眾魅力，能說動將近五百位比丘加入他新成立的僧團，其中有許多比丘都很年輕，尚無多少隨佛陀學習的機會。

提婆達多就這樣造成佛教僧團的首次分裂，他和自己的僧團住在羯闍尸利沙山（Mount Gayashisa），得到阿闍世食物與醫藥的供養。然後，阿闍世展開其篡位計畫，在企圖弒父不成後，軟禁父親，不供給飲食，想把他活活餓死。頻婆娑羅王之妻——阿闍世之母韋提悉（Vaidehi）王后，把食物藏在自己身上，每天都來探望老王，有段時間她就用此方法讓老王獲得養分。但她的巧計最終被識破，阿闍世王因而禁止她與老王見面，最後老王就在監禁中死去。

佛陀的個人醫師耆婆（Jivaka）也是韋提悉王后的御醫，透過耆婆，佛陀得知阿闍世王的陰謀與提婆達多在背後的教唆。提婆達多也曾三次對佛陀暗下毒手，企圖殺佛。第一次他派一位刺客去暗殺佛陀，但當刺客看到佛陀在月光下禪坐，卻無法下手，反而跪在佛前懺悔。按照原定計畫，一旦刺殺佛陀，刺客原本應從某條山路逃走，他完全不知自己將在路上遭滅口。所以，佛陀勸他走另一條路，然後帶著母親逃往鄰近的憍薩羅國（Kosala）尋求庇護。

第二次，企圖謀殺佛陀的人從山頂推落一塊大石頭，岩石擊中佛陀，雖未讓佛陀喪生，卻使他左腳嚴重受傷，大量失血。第三次，提婆達多的人手放出一頭野象攻擊佛陀，然而佛陀有能力馴服牠，因此毫髮無傷。在這三次殺佛的企圖中，佛陀都得以倖免於難，也未離開摩揭陀國，雖然那段日子對他而言非常艱苦。佛陀留下來，繼續修行佛法，透過修行，他以身作則，以非暴力的方式抵抗壓迫。

舍利弗與目犍連都去過提婆達多的僧團，以教導、幫助年輕的比丘。最後，在兩人的協助之下，幾乎每個人都回到佛陀身邊，僧團的裂痕也才癒合。

後來提婆達多病危，虛弱難過得無法自行站立或行走，於是請兩位比丘把他抬到靈鷲山。到了那裡，他對佛陀說：「我皈依佛——我回到佛陀身邊，皈依佛陀。」

而佛陀也接納他重回僧團。

過了一段時間，阿闍世王也受到某種心病的侵擾而臥病在床。他為了掌權，殺死親生父親，還做了許多壞事，因此滿心悔恨，身心都苦惱不堪。他訪遍群醫，也請教各種領域的老師，但無人能治好他的病。最後，他詢問耆婆的意見，耆婆就建議他直接去找佛陀。阿闍世王羞愧萬分地說：「我不能去找佛陀，他一定對我很生氣。」但耆婆跟他保證：「不會的！佛陀很慈悲，不會對你生氣。若你去找他，誠心誠意地請求，他會治好你的病。」

透過耆婆的安排，阿闍世王到靈鷲山山腳下的芒果園聽佛陀說法，佛陀談的是修行的種種成果。說法完畢後，佛陀請阿闍世王提問，藉此機會解開國王的心結，幫助他恢復健康。當天，佛陀對國王扮演的是一個經驗老到的醫師角色，也是個充滿智慧又有耐心的心理治療師，結果也恢復了兩人的友好關係。

其實，從《法華經》的開場中便可得知，阿闍世王也參與了這場法會，這項細節告訴我們，這部經是在佛陀一生將盡時所說，同時也表示阿闍世王此時已回歸佛陀之家了。從提婆達多與阿闍世王的故事，可看出佛陀包容、寬大、耐心的力量有多麼強大！雖然這兩個人犯下最嚴重的罪行，但透過愛與慈悲，佛陀仍能幫助他們自我轉化，重新做人。

《法華經》這簡短的一品，並未敘述提婆達多整個故事的來龍去脈，當時這故事應是佛教徒眾所周知的。在這一品中，佛陀透露提婆達多在過去生中，曾是一個有智慧的仙人，而當時佛陀是國王，仙人將妙法蓮華的教法教授給國王，國王於是開始踏上佛道。說完後，佛陀預言提婆達多將會成佛③。

龍女轉身成佛

在這一品中，我們也讀到八歲的龍王之女也能成佛。龍女有個相當於三大千世界的無價之寶，她把這寶物獻給佛陀。這是什麼意思呢？當我們擁有非常珍貴的事物時，會說它的價值猶如三千大千世界。假設在秋天練習行禪時拾起一片紅葉，我們便能看見這片葉子究竟的向度，看見宇宙間幫助這片葉子存在的一切現象——銀河、日月、雲雨、河川、土壤，那麼，這片小小的樹葉自然就變成價值非凡的珍寶，它的價值一如三千大千世界。

若我們將這片紅葉獻給佛陀，這行動的功德與龍女獻寶於佛的功德並無差別。所以，別認為若無珍寶或財富，就沒什麼能拿來供養佛陀。一粒小石頭或一片樹葉，只要能看出它的真實本質，其價值就等同於無價之寶。以此方式透視事物的究竟向度，我們就能將它們的價值視為無限珍貴。

在龍女供佛、佛陀受供之後，這女孩問智積菩薩（Prajñakuta）與舍利弗：「我剛才以珍寶供養佛陀，佛陀也立刻接受供養。這動作不是很快速嗎？」智積菩薩和舍利弗答道：「非常快速。」龍女接著說：「我成佛的速度更快。」然後，靈鷲山上所有與會大眾親眼目睹龍女瞬間變為男孩，完成所有的菩薩行，圓滿證悟成佛，且為十方一切眾生宣揚妙法。④

這段經文又讓我們一窺究竟的向度。就在那個地點的那一刻，所有會眾都能看見一個小孩轉瞬間證悟阿耨多羅三藐三菩提（anuttara samyak sambodhi，至高無上的圓滿覺悟）的成果，這是究竟向度的世界，再也無須做什麼或學什麼以成佛或作佛。一旦你到達究竟的向度，就能放鬆、愉快地做好該做的事，無有恐懼或憂慮。你認出自己本具的佛性，在那一刻就已成佛，已達到夢寐以求的境界了。

注釋（譯注：❸）

①……在巴利三藏中，五逆罪是：（一）殺父；（二）殺母；（三）殺阿羅漢；（四）出佛身血；（五）破和合僧。根據小乘佛教，凡是犯下以上任何一條重罪者必墮地獄，不可能有任何轉變，能讓他們未來轉生到善趣。

②……提婆達多提出五條苦行的修法：（一）比丘應住在林間，不在村莊或鄉鎮過夜；（二）比丘不應住在樓房或茅屋中，應住在戶外樹下；（三）比丘不應接受邀請到居士家中用餐，應托缽回到林間進食；（四）比丘不應接受居士供養的「僧伽梨」（*sanghati*，大衣），應從廢棄物中搜尋碎布，自己縫製衣袍；（五）比丘應只吃素食。

❸……《法華經》第十二〈提婆達多品〉：「**提婆達多卻後過無量劫，當得成佛，號曰天王如來……世界名天道。**」（《大正藏》冊9，頁35a）

④……根據當時的思考模式，人們相信以女人之身不可能成佛，必須先轉生為男性，才能展開菩薩的修行而成佛。《法華經》的下一品——後來增補的第十三品，則肯定任何人都能成佛，無論男性或女性。

第十章

四安樂行……

——第十三品◉勸持品——
——第十四品◉安樂行品——

菩薩誓願對一切眾生宣揚《法華經》

《法華經》第十三品〈勸持品〉中，佛陀的姨母兼養母摩訶波闍波提，以及他出家前的妻子耶輸陀羅都已成為比丘尼，佛陀預言她們兩人將來會成佛。法會中其他比丘尼都為此感到無比歡喜，因她們知道自己也能成佛。接著，所有與會的菩薩都誓願對一切眾生宣揚《妙法蓮華經》，不會遺漏任何一個人。他們說：

我等於如來滅後，周旋往返十方世界，能令眾生書寫此經，受持、讀誦，解說其義，如法修行，正憶念，皆是佛之威力。①

這一品是後來增補的，其目的在於肯定女性也能成佛。後來的大乘學者與詮釋者就以此方式，企圖修正這部經中某些歧視與不夠包容的態度。

菩薩住於四安樂行而說《法華經》

《法華經》第十四品〈安樂行品〉也是後出的部分，但其中仍有點歧視女性與其他人的頑固心態。因此，這一品在《法華經》中就不如其他品那麼突出。但它教導我們在較少機會聽聞、修行佛法，世間又苦難重重的時代，如何完成菩薩的工作。

在這一品中，文殊師利問佛陀：「世尊！菩薩相當稀有，人生充滿邪惡與不幸，無知的眾生又這麼多，將來菩薩如何能宣揚、守護《妙法蓮華經》的教法呢？」佛陀回答：「當菩薩發願在未來教導此經時，應安住於四種方法中。」

這四種方法中的第一種，意指發願說法的菩薩，必須住於菩薩行處與親近處。「住於行處」表示所作所為都應修習忍辱，並尋求人際間的和諧。若你有耐心，能容忍其他人，就能為自己創造平靜與喜悅，周遭的人因而將同樣感到平靜與喜悅。忍辱並非軟弱，而是中庸、自制的立場，你不會竭力強迫別人接受自己的觀點。

「住於親近處」表示修行人不會選擇接近擁有世間權力者，或以不當職業而謀生者，或存心不良者。這並不表示你排斥這些人，而是不刻意挑出他們試圖加以感化。

菩薩必須修行，以看清萬法真正的表徵——空性，這是為了不被錯誤知覺造成的二元對立思考所束縛。菩薩不見「男」、「女」的區別，因此不陷入眾生有無資格接受佛法這種二元對立的認知。這一品概述如何適當地維護、保持、保護和教授此經，例如教導時不應期望有報酬或獲得供養；不應單獨進入某人家中；教導女性時應服裝整齊等。這些禁止條例是為了保護人們避開潛在有害的處境，當然也反映出當時社會、文化的看法。

四種方法的第二種，意指發願說法者必須住於修習平靜與喜悅。教導經典時，既不應推崇、讚歎他人，也不宜批評任何人。

第三種方法是在教導時，不應羨慕或忌妒他人，也不應輕視任何人。以此方式說法，聽眾就能欣然接受教法，轉化自心。

至於第四種方法，發願教導此經的菩薩，必須對尚未能聽聞佛陀妙法的人生起大慈悲心，並為初聞佛法而無法理解或無信心者興發弘願（菩提心），在自己證悟無上的圓滿覺悟時，運用善巧方便，幫助這種人吸收教法。

這一品的目標是讚揚《法華經》的偉大，且對後來心懷弘願的菩薩保證，他們也將能修行、教導妙法。

注釋

①……Hurvitz, p.204。（《大正藏》冊9，頁36b）

第十一章

法師……第十品◉法師品

《法華經》第十品〈法師品〉，可被視為此經前半部關於歷史向度的總結，這一品也同時開啟了通往究竟向度之門，那是此經後半部的焦點。

《法華經》即佛陀本身

〈法師品〉顯示《妙法蓮華經》的重要性。佛法和佛陀同等重要，值得我們供養、尊敬；修習佛隨念（憶念佛陀）能讓我們達到深層轉化的境界，產生無量功德，然而法隨念（憶念佛法）也能帶來同樣的轉化與功德。

因此，「諸經中第一」的《法華經》就是佛陀本身，當深切地敬重此經，或護持、教導此經時，就同時表達我們對佛陀的尊敬。

尊敬、供養佛法，即與佛陀同在

此品中「法師」（dharmabhanaka）一詞，意指將佛陀的教法帶入世間，與人分享佛法的人。法師就是佛陀派出的大使，帶著佛陀的教誨——《法華經》的要義，到世界各地，宣揚人人皆有佛性，都有能力達到佛的境界，並救度眾生脫離苦難。在這一品中，佛陀不僅肯定與他同時代能親聞佛法者有成佛的能力，也肯定生在歷史上釋迦牟尼佛之後的佛法修行者，皆能成佛。

佛陀對藥王菩薩說：「若在我入涅槃後，有人僅僅聽到《法華經》一句一偈，而心生歡喜，此人將達到最高的覺悟而成佛。若有人受持、讀誦、解說或書寫此經[1]僅僅一首偈頌，或有人恭敬此經，作種種供養，那就等同於供養佛陀，且發菩薩弘願，此人也將會成佛。」佛陀入滅之後的漫漫時間長河中，任何能聽聞《法華經》，同時內心產生無限滿足、喜悅的人，就算只是聽聞一首偈頌或一段經文，或甚至只有經題[2]，此人已獲得保證，將來必定成佛。我們無須回到兩千五百年前，登上靈鷲山，坐在釋迦牟尼佛的說法大會中，就能領受「經中之王」的利益。

《法華經》在此為我們開啟了究竟向度之門；佛陀無異於佛法，佛陀真實之身是法身，透過佛法，我們就在當下這一刻接觸到佛陀。無論何時，只要尊敬、供養佛法，只要聽聞、修行佛法，且傳授佛法給其他人，我們就同時在對佛陀致敬。因此，只要我們接受這妙法，並且加以修行，就在當前這一刻，佛陀便永遠與我們同在。

注釋

①……直到大約西元前一百年，佛經才開始被書寫在棕櫚葉上，而編輯在一起。

②……在後來以《法華經》為根據而成立的大乘宗派——日蓮正宗，是由十三世紀日本僧人日蓮所創立，其修行的中心即是以此經經題 *Namu Myoho Renge Kyo*（譯按：即「南無妙法蓮華經」）作為心咒而稱念。

第二部　究竟的向度

◉《法華經》第十一品、第十五品至第十九品、第二十一品、第二十二品

第十二章

多寶佛塔示實相

……第十一品◉見寶塔品

《法華經》第十一品〈見寶塔品〉非常優美，其呈現方式極具戲劇效果，有一連串生動複雜的場景，每一景都有特殊的涵意，以開啟究竟向度之門。這部經談究竟向度的幾品都運用非常詩意的意象，以呈現一般語言無法描述的深奧觀念，其目的是為了要幫助我們超越世俗觀念，觸及實相的真正本質。

寶塔踊現，顯示實相

我曾在紐約認識某個人，有人來拜訪時，他通常會給來客清涼飲料，若對方是名人，他會把對方的名字寫在一張紙上，放入飲料空瓶中，然後當作紀念品保存起來。他收集了一大堆內含姓名的空瓶，這些瓶子其實不值錢，但因跟一些有名望的人相關連，所以他就認為它們具有特殊的價值。同樣地，偉大的藝術家、科學家、政治領袖或宗教領袖的隨身遺物，例如一根手杖、一頂帽子，最後會被認為本身就具有意義、價值。這種物品的價值或神聖，並非由於它原有的性質或功能，而是由於曾碰觸此物且灌注其中的靈氣感。

這一品有類似的現象發生，傳授《法華經》這偉大教法的地點也變成非常有價值的一塊土地。佛陀說完一乘的教法，且證實一切眾生成佛的可能性之後，空中突然充滿音樂，有個美妙的聲音說：「太好了！釋迦牟尼，你正在教導《法華經》，真是太好了！」這聲音來自一座巨大的寶塔，這座塔高五百由旬，寬二百五十由旬，以金、銀、珍珠和各種寶石等七寶裝飾而成，它從地裡冒出，飄浮在大眾聚集聽法所在的靈鷲山上空。這奇妙的意象象徵究竟向度在娑婆世界的出現，無生亦無死的境界出現在生死相續的世界中。

僧伽聚集在靈鷲山，他們腳踏大地，身處歷史的向度中，看見老師釋迦牟尼，也看見自己在眾多佛弟子的聚會中。這個實相的境界是我們一般知覺得到的，也受限於過去、現在、未來。隨著寶塔的出現，驟然間每個人都從現實的歷史向度，被轉換到無時間、空間的實相究竟本質。我們能從相對的現象世界碰觸到絕對，這層體認造成一種強有力的悸動，有點像電擊，學過正念方法的人頻道對得準，就能接收到這種震動。

我們修行、研究的終極目標，就是要能以正念觸及實相的真正本質。剛開始我們的正念還不強，但會漸漸變得穩定、堅固；正念愈穩定，實相的究竟向度就會愈來愈清楚地呈現在面前——就在歷史向度的當下此刻，就在現象世界中。

佛陀非唯一，分身遍十方

很自然地，靈鷲山上的每個人都對寶塔的出現大為驚異，於是大樂說（Mahapratibhana）菩薩代表大眾請問釋迦牟尼佛：「現在從寶塔中說話的是誰呢？」佛陀微笑著說：「那是多寶佛（Prabhutaratna），當他身為菩薩時曾立下誓願，未來在任何時間、任何地點，若有佛出現教導《法華經》，他就會現身讚歎。」

在此之前，法會大眾只知道釋迦牟尼佛一尊佛現身於歷史的向度，得知多寶佛的存在時，他們想親眼看見究竟向度的這尊佛，所以向釋迦牟尼佛懇求：「敬愛的導師啊！請您用神通利打開塔門，讓我們面見多寶佛。」

佛陀說：「若我召回所有的分[1]身諸佛，就有可能見到多寶佛。」言畢，他就進入深定，從額頭放出一道明光，遍歷十方，接觸他所有的分身諸佛，召喚他們回來，為靈鷲山上的大眾打開究竟向度之門。當明光遊遍虛空時，所有會眾都能清楚地看見被光照亮的一切佛土，這些國度皆井然有序、莊嚴壯麗；每個佛土中都有一尊佛，每尊佛都是佛陀的化身，其數多如恆河沙，也都在對弟子、菩薩、天人眾說法。當佛額頭上的光觸及這些佛時，他們瞬間回到靈鷲山，充滿整座山周圍的虛空。

在此刻前，佛弟子以為唯一存在的佛是導師釋迦牟尼，不知佛陀無處不現身，以不可計數的化身遍滿宇宙，時時都在說法。若你從未在究竟向度中看見自己的老師，只看到歷史向度中的他，你可能會認為老師只是眼前所見的血肉之軀，他或她就像自己一般，存在於生死相續的世界中。但當佛陀的種種化身出現在佛弟子面前時，他們的心門就逐漸打開，不再固執地以為所認識的這尊佛——此生在地球的釋迦牟尼佛，是唯一的佛。他們開始看出這位歷史上的佛陀只是一個示現，其實佛陀以無量無邊的化身遍存於時空中。他們生平第一次看見在究竟向度中真正的老師，以及自己的真正本性。

兩尊佛是同一或不同的佛？

所有化身都到達時，佛陀僅僅攤開雙手，寶塔的門就打開了。就像這樣，你從歷史的向度來到究竟的向度，門就打開了。所有化身佛、菩薩，以及盤旋於靈鷲山上空的天人，都能清楚看見寶塔內部。這些眾生能輕而易舉地接觸究竟的向度，因他們不再困於外相或二元對立的概念；但底下站在山上的聲聞眾都還看不見寶塔內部，這些弟子才剛開始嚐到大乘的法味，他們尚未解脫對實相的表象與相貌的執著，還深陷於有與無、一與多、來與去等觀念。這些二元對立的概念是一種黏著劑，使他們緊緊依附著地球表面。

因此，法會中四眾弟子再度向老師請求：「您可以把我們提高，好讓我們看到寶塔內部嗎？」於是，釋迦牟尼佛以神通將每個人提升到一個高度，讓大家能直視寶塔內部，也看到究竟向度的多寶佛。在此的「將每個人提升」，表示幫助大家解脫對實[2]相表象的執著。

讀到大乘經典描述超自然的事件時，我們需要跳脫表面上的文字，以及令人難以置信的意象，才能掌握真正的意涵。

接著多寶佛微笑著說：「釋迦牟尼！你現在教導《法華經》，這真是太好了！」他在獅子寶座上挪出空間，請釋迦牟尼佛與他共坐。這種闡明教義的手法非常優美而有詩意——究竟向度的佛與歷史向度的佛陀同坐，合而為一。當我們知道如何以這種方式讀經，就能理解經典的深意。想像一下：究竟的多寶佛坐在那裡，邀請歷史的佛陀釋迦牟尼進入寶塔，兩尊佛並肩而坐——他們是同一尊佛，或不同的佛？

為了接觸究竟的向度，我們必須超越同異、來去、內外、上下、前後、生死等世俗的概念。這一品談到「寶塔」的目的，是開啟究竟向度之門，讓我們從生死的世界跨入無生亦無死的世界，寶塔出現的空間範圍是一個新世界，在那裡我們不再受制於主宰歷史向度的二元對立概念。此品中的意象是一種絕妙的善巧方便，幫助我們得慧眼，以便目睹究竟的向度。

在肉身中修行，以慧眼見法身

若深入觀察自己，就會看見我們一如釋迦牟尼佛，也有許多化身，時時刻刻活躍於宇宙各處。就在當下，我在祖國協助年輕的出家眾和在家眾——我以書本和錄音帶的形式出現，這些書籍、錄音帶進入越南，如此一來，那裡的人能接受教導並修行。因此，就在此刻，我同時在越南、英國、美國或其他許多地方——這是因我的教導一直能四處流傳的緣故。我的化身甚至走進監獄，去幫助囚犯學習正念的方法，也修習行禪與坐禪。當你具有無相之眼[3]，不受表象束縛時，就能在我眾多的化身中，在其他許多形體與地方認出我來。每個人都有許多化身，我們的種種行動、貢獻與存在的方式，都瀰漫在整個宇宙中。

能放下歷史向度的世界，而進入究竟向度的世界，這並非易事。長久以來，我們已習慣只用歷史進展的角度——時空的角度，來認識實相。所以，對我們而言，要試圖洞悉究竟向度的真正面目實在太難了。我們勢必得先轉換自己觀看的方式，所以佛陀要先在法華會的聲聞眾前，顯現無量無邊的化身，如此一來，聲聞弟子才能認知老師的真實本性；清楚看見釋迦牟尼佛的究竟本性後，弟子們自然看得見多寶佛。當這兩尊佛並肩坐在獅子寶座上時，顯示出歷史向度與究竟向度是不分離的，我們若以慧眼觀看，就能身處輪迴而入涅槃，就能看到輪迴與涅槃是一非二。

佛陀以偈頌說：

我為佛道，於無量土，從始至今，廣說諸經，
而於其中，此經第一。若有能持，則持佛身。④

佛身即法身，就是究竟的實相。我們無法將佛性侷限於八十年的時間，或在某個特定國家的框架中，或在歷史向度的狹小時空裡，因佛陀以無量無數的化身，時時刻刻出現在整個三千大千世界之中。佛陀在歷史的向度中以種種形貌現身，但真正的法身安住於究竟的向度中；同樣地，我們也存在於歷史的向度中，但同時在究竟的向度中擁有自己的法身。我們在歷史中的肉身有開始和結束，也經歷生、老、病、死的循環，但法身卻是不滅的。因此，我們活在歷史時空中的肉身裡修行，卻同時與自己的法身接觸，因為當能接觸自己究竟向度的法身本質時，我們便不再畏懼生死。

注釋

①……佛的三身包括變化身或應化身（nirmanakaya）、受用身（sambhogakaya）與法身（dharmakaya）。

②……《金剛經》提及四種相：我相、人相、眾生相、壽者相：這四種相都是實相虛幻的表象，我們卻對它們生起執著。參見Thich Nhat Hanh, *The Diamond That Cuts through Illusion: Commentaries on the Prajñaparamita Diamond Sutra*（Berkeley, CA: Parallax Press, 1992）。

③……「無相」（animitta）是一種對實相的透徹認識。一般認識以為實相的表象、標誌或形相是真實本有的——具有穩固恆常的自性，而「無相」這種認識，卻能看透這些外相。關於「無相」的詳細解說，參見*The Heart of the Buddha's Teaching*, pp.138-142。

④……Hurvitz, p.193。（《大正藏》冊9，頁34b）

第十三章

菩薩從地踊出……第十五品◉從地踊出品

在《法華經》第十五品〈從地踊出品〉中，我們開始看到不生不滅的佛性。從世俗理解的觀點來看，實相受限於時間與空間這兩道障礙，但《法華經》透露出佛陀永恆的存在，時間與空間並非獨立分隔的。

大菩薩從地踊出，護持地球

諸大菩薩從宇宙各處來到法華會中，敬禮佛陀並恭敬地請求：「我們想留在此處，以便將來釋迦牟尼佛入滅後，能修習、護持《法華經》的教法，幫助娑婆世界的眾生到達彼岸。」佛陀微笑著回答：「非常感謝你們的好意，不過就在地球上的這個地方，已有足夠的菩薩來照料此娑婆世界。」言畢，靈鷲山上大地「震裂」，從地底踊出「無量千萬億」大菩薩，這些菩薩身皆金色，且每尊菩薩身邊皆有如恆河沙數的眾多隨從雲集。

在我所居住的梅村（Plum Village）中的上莊（Upper Hamlet）有個區域，在二月底會有黃水仙花盛開。我們剛到那裡開始建立梅村時，並未察覺有這麼多美麗的黃水仙，成千上萬株黃水仙靜待早春時的綻放。我們只用歷史的眼光來看待那裡，還未看見它究竟的向度。在一年中的其他時節裡，那些水仙並不會開花，然後，在驟然間冒出成千上萬朵花，如同從大地中踊出的諸大菩薩。這些金黃色的花朵怒放時非常美麗，我們便將此地稱為「法身之寶」。你要等到法界開顯在面前，才看得見法界，若太過執著所認識的歷史向度的實相，可能就看不見究竟向度的開顯。你知道如何深觀歷史的向度時，就接觸到了究竟的向度。

看到如此多莊嚴的菩薩從地踊出，每個人都驚異不已，他們都是力量強大、成就極高的大菩薩，且都是此世界的導師釋迦牟尼佛的弟子。舍利弗、目犍連等佛弟子都急切地想知道，在地球上不過生存了短短數十年的釋迦牟尼佛，如何能造就如此多的弟子。有些弟子如阿說示（Ashvajit）和憍陳如，從一開始就跟隨著佛陀，所以他們知道佛陀只教授了三十五年或四十年，但佛陀怎麼會有這麼多菩薩弟子呢？

聚集在靈鷲山上的會眾，才開始窺見他們的老師在究竟向度中的面目，他們看到佛陀同時存在於宇宙各處的無量化身。但就時間——壽命而言，大眾仍以歷史的向度來看待佛陀，以此生的肉身來認識他，認為他是坐在面前的一個世間的人，只在過去四十年間教導他們。

不論是在時間上或空間上，大眾都尚未看出究竟佛性的全貌。事實上，佛陀的壽命就如他在空間上顯現的形體般，也是無限量的，也因此他深觀大地，向大眾顯示他在究竟向度的永恆性。

當宇宙各處的菩薩來到這裡時，看到地球與其原來所住的領域相較之下，顯得渺小，且苦難重重，也看到釋迦牟尼佛非常辛苦地在減輕此娑婆世界中眾生的痛苦，所以他們自願留下幫助佛陀。

《法華經》這段經文，讓人有個非常清楚的印象——我們這個世界不如宇宙中其他星球廣大或美麗，且在地球這顆小行星上有眾多苦難。但釋迦牟尼佛生於地球，他想照顧這個星球，無量菩薩眾從地踊出的景象，讓來自宇宙各處的大菩薩看到佛陀有眾多弟子，他們隨時都可用雙臂溫柔地護持、照顧地球。這是佛陀的善巧方便，以幫助在世間的弟子觸及究竟的向度，讓他們理解老師的真實本性，也理解自己的真實本性。接觸到究竟向度與自己真正的佛性時，我們很清楚無須感到絕望，自己就有能力來照顧地球。

佛陀示現，助弟子徹見真實佛性

《法華經》這部分主要是關於「示現」。佛陀以一個名為「釋迦牟尼」的歷史人物示現於世，為了能觸及人類的心——這些人依舊執著於自身對實相歷史向度的認識，執著於對生死、來去、有無世界的認識。他示現出生、證道、四十年說法，然後「消失」入於涅槃等種種景象。但這示現只是一種善巧方便，假裝進入人類的世界，以幫助眾人解脫。

有一天，我在上莊行禪時，低頭看見自己幾乎踏上一片金黃色的落葉。當時已是秋天，金黃色的落葉甚是美麗。我看到那片美麗的黃葉，不想踐踏，所以躊躇了一會兒，但我隨即面露微笑，心想：「這片葉子只是假裝成金黃色，假裝落在地上。」從歷史的向度看來，那片葉子原是春天枝頭抽出的綠色嫩芽，高掛在樹枝上數月之後，在秋天變換了顏色。有天吹起了一陣冷風，於是它飄落在地。但深觀這片葉子的究竟向度時，我們可以看出它只是假裝出生，暫時存在，然後老去、死亡。緣起與無我的教法，讓我們清楚理解一切現象的真實本質是不生不滅的。終有一日，那片樹葉會再度在另一棵樹的枝頭上假裝出生，其實「她」只是在跟我們玩捉迷藏。

我們也在跟彼此玩捉迷藏的遊戲，不只是佛陀假裝出生、入涅槃，我們也假裝出生，生存一段時間，然後死亡。你可能以為自己的母親已過世，不在身邊了，但她的過世只是一種偽裝，有天當因緣具足時，她會以某種形體再度顯現，若你有足夠的知見，就能認出此時已改形易貌的母親。我們必須深觀自己摯愛的每個人，且辨認他們的真實本性。我們愛自己的老師、父母、兒女、手足，其中要是有人過世，我們就悲痛異常，以為失去了這個鍾愛的人。但究竟而言，我們什麼也沒失去，我們的摯愛所擁有的真實本性是不生不滅的。若能觸及究竟的向度，我們將能笑看金黃落葉，一如我們能微笑地面對生命中發生的一切變化。

因此，在導師釋迦牟尼佛的協助下，靈鷲山的佛弟子徹見自己的真實佛性，且在究竟的向度中，佛陀的壽命無限量，一切眾生的壽命也同樣無可限量。

第十四章

無量壽命

……第十六品◉如來壽量品

《法華經》第十五品提出關於無量壽命的問題，第十六品〈如來壽量品〉則提供了答案。這是此經中一種新的表現風格，也是很巧妙的文學技巧，它引發讀者的好奇心。在第十五品末尾，佛陀透露他永恆的本性，法會中有人對此苦思不解，於是請求佛陀更加清楚說明為何能教導這麼多菩薩弟子，畢竟他們看到佛陀在這地球上只不過教導了四十年而已。他們說：

願今為解說，是無量菩薩，
云何於少時，教化令發心？①

當信解如來誠諦之語

佛陀對他們說：「朋友們！如來所說的話都是真實不虛的，你們要信任、理解這一點。我所說的都是實話，你們必須相信、理解我的話。」經中提到佛陀如此告誡弟子三次。在此我們尚未立刻聽到佛陀的解說，所以這場景有提高懸疑氣氛的效果。首先，我們必須信任佛陀的教導，因如來絕不說假話，他所說的絕不會違背真理。佛陀與他所說的話本身就是佛法真實不虛的保證，但因佛陀剛才的教導違背於一般人對事物的認識，所以法會中有人仍心存疑惑。[②]

經中這段細節是要讓我們看到，推理、概念，以及一般單憑理智觀察實相的方式，所得到的認識是有限的，也可能是錯誤的，所以不應執著想法、概念，或太過依賴這些。我們可能覺得佛陀的教導頗令人難以置信，但那是因自己的知見尚未深入，若能像佛陀般，對實相的真實本質有更深入的洞見，我們對事物的看法就會大為改觀。所以，我們必須信任佛陀的教導，願意放下自己的觀念，以修行的正念之光來檢視教法。

佛陀的壽命無量

佛陀接著描述自己無量的壽命，他不只是過去四十年間在地球上教化眾生的釋迦牟尼，他其實已成佛有「無量無邊百千萬億那由他劫」之久。然後他舉例，假設有人把五百千萬億那由他[3]阿僧祇三千大千世界研磨為塵土，然後向東走，每經過五百千萬億那由他阿僧祇三千大千世界，他就放下一粒塵土，這樣一直走到放完所有塵土為止。

我們能想像如此廣大的空間與時間嗎？地球這顆小小的行星若磨成粉，就會有好幾百億粒塵土，但佛陀現在所談的，是以無量數三千大千世界研磨的塵土數量。將這些塵土朝相同方向一次一粒地放置完後，朝其他各個方向走，也如此做，直到放完無量數的塵土為止。做完這件事所花的時間，就是釋迦牟尼成佛至今的時間。

佛陀說：「我在此娑婆世界已存在如此久遠的時間，對無量眾生教導佛法，也已在同樣無量的其他世界教導、幫助眾生。」佛陀的壽命不僅是以時間的角度，也是以空間的角度來看，這是超越理性概念可及的無量無邊的時空向度。在我們的觀念中，佛陀純粹是一個生存於兩千五百年前的歷史人物，他已入滅，再也無法出現於當下而與我們同在，但此觀念其實只是一種錯誤的認識。

其他大乘經談到佛陀不生不滅的本性，例如《金剛經》中說：「如來者，無所從來，亦無所去。」而在《法華經》中，它是以生動的意象呈現，猶如一幅美麗的圖畫，透過這種詩意的描繪，比較容易理解、掌握。

佛陀的善巧方便與示現

此品也深入闡明《法華經》中若干核心教義，例如「善巧方便」與「示現」的概念。佛陀說：

若有眾生來至我所，我以佛眼，觀其信等諸根利鈍，隨所應度，處處自說，名字不同、年紀大小，亦復現言當入涅槃。又以種種方便說微妙法，能令眾生發歡喜心。諸善男子！如來見諸眾生樂於小法、德薄垢重者，為是人說：「我少出家，得阿耨多羅三藐三菩提。」然我實成佛已來久遠若斯，但以方便，教化眾生，令入佛道，作如是說。④

佛陀在歷史的向度中示現為一個人，出生在某個家庭，享有凡人的壽命。這樣的示現就如一場魔術表演，目的是要抓住當時眾生的注意力，引導他們走上轉化之道。本書第一部分探討的《法華經》諸品中，在歷史的向度上，佛陀運用各種不同的善巧方便以教導三乘道，而事實上唯有一佛乘。我們可以說，在佛陀所有的教學方法中，他在一切時空裡以歷史上各種佛陀的形貌顯現，這是究竟的善巧方便，透過此方法，如來不曾停止教導眾生達到解脫。

我們有時以「八相成道」——託胎、降生、見苦、出家、行道、成道、說法、涅槃，來表示每位如來度過一生時的狀況或狀態。我們修行佛法，目的是為了要看清實相這些表象，其實只是幻相而已。事實上，佛陀並未出生，也沒有死亡，這是真實的佛性，也是其他一切的真實本性。當我們深入觀照任何一種現象時，不論是一顆小圓石、一滴露珠、一片葉子或一朵雲，我們都能辨認出它在無常、無我、緣起等三法印中的究竟本性，如此一來，也就能發現它不生不滅的真實本性，那與如來的真實本性並無差別。秋日裡一片美麗的金黃色落葉也正在我們面前表演一場魔術，起初它扮演春天萌生的嫩芽，後來假裝飄落在地而死去。就現象世界而論，我們相信這片葉子出生，然後逝去；但在究竟的向度上，生死、來去、有無都只是一場魔術表演，只是一種表象。

幾年前在荷蘭，有位記者問我：「禪師，您現在已年過七十了，您過世前想做些什麼呢？」從究竟的向度來看，我無法回答她的問題，我不覺得自己在死前有任何事「必須」要做，因我看不出自己會死。自從我開始修行以來，做每件事都樂在其中，也一直在做自己想做的每件事——教學、與他人分享修行經驗、幫助學生在世界各地建立教團，讓個人、社群、國家都能實現自由、和平、喜悅之道。我曾在一首詩中寫著：

建設將耗萬世之功；
但是，親愛的兄弟們，你瞧！
這項工作早在過去萬世就已完成。⑤

這是從究竟向度的觀點來說的。你必須成佛嗎？需要追求覺悟嗎？波浪無須努力變成水，波浪「就是」水，當下此刻即是。同樣地，你已經涅槃，已經成佛，已達到自己期望的境界，要緊的是進入修行之道以證悟它，也幫助其他人證悟。

良醫喻

因有無量的壽命，佛陀具有無限的能力，能在一切時空、一切存在的世界中幫助眾生，但他善巧方便地喬裝來與去——假裝出生而後入滅，以鼓勵眾生入道修行，佛陀以「良醫喻」來說明這一點。

有位聰慧又有才能的醫生，他能提煉無數種藥，醫治各種疑難雜症。醫生有很多小孩，有天他動身前往其他國家工作。離家期間，孩子們一不小心喝下毒藥，全都痛苦萬分，有些痛得發狂而在地上打滾。當他回家看到發生的一切時，馬上調製各種藥劑來醫治孩子。這些孩子中，身心輕微失調的人認得出自己的父親，對他有信心，毫不遲疑地吃藥，而慢慢地恢復了健康。其他孩子在久別重逢看到父親時也非常快樂，但因太依賴父親，所以不吃藥，覺得只要父親在身邊就夠了，以為自己永遠可以等一下再吃藥。醫生看出，有些孩子以為他與他們會永不分開，所以不想自動自發地吃藥，以治癒自己。

這讓他非常傷心，他每天好說歹說地勸他們吃藥，但愈是這麼說，他們就愈不肯吃藥。於是這位經驗老到的醫生假裝再度離家，然後請一位朋友到家裡告訴他們自己的死訊，哀傷哭泣的孩子們此時才把藥吞下。

在究竟的向度上，如來的壽命無量無邊；在究竟的實相中，佛陀雖不生不滅，但他仍假裝出生，生存一段時間，然後入於涅槃，藉此讓這世界的眾生知道如何照顧自己。佛陀給了我們精神上所需的良藥，讓我們身心得以痊癒、轉化，這帖藥就是修習正念。現在，要靠我們來服用這帖藥，努力修行，就能接觸到究竟的向度，認出自己不生不滅的真實本性。

見真實本性，得無量壽命

我們必須運用正念以觸及究竟的向度。行禪中注意到腳下一片黃葉時，就是一個能深觀它不來亦不去本性的契機；呼吸時正念分明，就是在接觸自己的呼吸與身體，感受也已不同於以往。運用正念，萬物便能更加清楚地顯現在眼前。正念的修行是引領我們通往究竟向度的道路，當在工作、從事園藝，或煮飯、洗碗盤、招呼賓客等日常生活作務中修習正念時，就深深地觸及這個現象世界——比沒有正念時要深入得多，究竟的向度可能就在此時開始展現在我們面前。

眼前開顯的究竟向度是清楚或模糊，取決於正念的品質。有時正念只維持片刻，有時則能持續兩、三分鐘。若正念分明地看著一朵雲，且維持正念三分鐘，在這三分鐘裡我們就得定，就有定力。一旦正念的修行夠穩固，我們每一刻都能維持禪定之燈明亮不滅，無論在廚房、臥室、浴室或辦公室，無論打掃庭院或開車，就都能保持禪定的明焰。以此方式修行，我們就能接觸到自己的真實本性，那與佛性完全一樣是不生不滅的。就如黃葉，以及在這表象世界中所見的周遭一切事物，我們也正加入佛陀無量的壽命之中。

注釋

①⋯⋯Hurvitz, p.236。《大正藏》冊9，頁42a

②⋯⋯「如來」，字面上的意思是「去向如是（*tatha*）者，或來自如是者」。這個詞是佛陀的常見稱號之一，因為「佛陀」一詞意指已洞悉實相真實本性或如是性的覺悟者。

③⋯⋯「那由他」（nayuta）和「阿僧祇」（asamkhyeya）都是梵文術語，描述事物漸增至無量無邊的數目。「劫」是一種無量大的時間單位，相當於「萬古」（eon）。

④⋯⋯Hurvitz，頁238。（《大正藏》冊9，頁42c）

⑤⋯⋯摘自Thich Nhat Hanh, "Butterflies Over the Golden Mustard Fields." *Call Me By My True Names*（Berkeley, CA: Parallax Press, 1999）, p.76。

第十五章

功德……

第十七品◉分別功德品
第十八品◉隨喜功德品
第十九品◉法師功德品

《法華經》第十七、十八、十九品都與「功德」（punya）的觀念有關。「punya」譯為中文時由兩個字組成，「功」表示「日常的修行或工作」，「德」表示「德行」。

「功德」是一種精神力量，是在穩定維持某種修行時可累積的一種能量；它能保護我們，且帶來喜悅與洞見。修行幫助我們清楚地看見、聽聞，並理解事物，而能以極為深刻的方式活在當下；能維持正念且深刻地生存於當下，就能觸及究竟的向度；當能觸及究竟，就知道自己已處於涅槃之中。這就是修行的功德。

信解無量壽命，得大功德

第十七品〈分別功德品〉讓我們看到，受持《法華經》的妙法所導致的不同利益與功德。從此品中，我們得知只要有人有機會聽聞此經，且在聽經中生起歡喜心、滿足感、信心，即使只有一念這種感覺，此人也會獲得無量功德。聽聞此經，滿懷信心地接受它，並修習其中的教法，這些行為能在心靈上產生如此大的利益，其原因是信心與修行能在我們的阿賴耶識[1]（alaya vijñana）中播下善的種子，由於這些善種，我們未來將能證悟修行之果。

我們從第十六品中得知如來的壽命無量，看到如來出現於無盡的時間與無限的空間中。當接觸到究竟向度的佛陀，能接受、理解這真理，對它產生信心，此時我們就即將享受佛果了。

在第十七品中，佛陀則敘述無量世界中的無數眾生，如何在聽聞佛陀教授《妙法蓮華經》時，理解、相信不生不滅的佛性，而獲得究竟真理的功德。我們也聽聞《法華經》的妙法，但要有足夠寬廣的心量才能接受它，因信心與理解不足而心量狹小的人，無法容納、承受如此偉大的真理。

假設你有個小氣球，只能充進一點點空氣，若灌進太多空氣，氣球就會爆破。這就如那些知見不深的人——信心與理解有限，又不穩固的人，他們尚無能力接納、相信非常深奧的教法。這種接納的能力稱為「忍」（kshanti），是修行菩薩道的六波羅蜜之一。稍後我們會在本書中更深入理解六波羅蜜，不過目前可將「忍」更恰當地理解為「涵蓋一切的包容性」。「kshanti」通常譯為「忍辱」，但此譯詞隱含著勉強忍受的不愉快，其實我們也需要忍與包容，才能接受並且保有快樂，若心力不是非常大，還不夠強，就無法承受無比的快樂。有些人一聽到自己中了樂透，可能昏倒或心臟病發，因他們還承受不住如此的好消息。

《法華經》究竟向度的教法是非常偉大且令人歡喜的真理。從對實相有限的認識角度來看，我們已在心中深植生死、來去、有無等觀念，也習慣了這種對實相的觀點。而現在有人出現，為我們打開究竟的寶藏，也就是不生不滅、無量壽命、根本佛性、未來成佛等無價的真理，我們是否有能力承受這樣深奧的真理？當我們聽聞佛陀教授這項真理，而能修行、承受、接納、牢記、微笑且深信不移，就能享有大功德果。

此品也描述無量無數的菩薩，如何透過所謂「聞持」陀羅尼（dharani），而得以證悟修行之果。「陀羅尼」有「神秘咒語」之意，就是如真言（mantra）般具有強大精神力量的字或文句。此外，它也表示「能持」。「聞持」陀羅尼是一種能力，它讓菩薩能護持佛法，且修習、分享自己所聽聞、理解的真理。這些無量無數的大菩薩都已達到「無礙辯才」的境界，而能用他人可理解的方式來表達，所以他們遊歷一切世界，教導他人證悟真理。

接著佛陀對彌勒菩薩說：「將來若有善男子、善女人聽聞我教授如來的無量壽命而生信心、理解，此人現在就已坐在靈鷲山上的大法會之中。」這就是受持《法華經》的功德，若你能聽到這妙法，不論是從朋友或老師口中，或從禽鳥啁啾或潺潺溪聲，若你能閱讀或聽聞此經，能理解而有信心，並接觸到如來與宇宙萬物究竟的向度，那麼當下你就坐在佛陀的身邊。無須回到兩千五百年前去親見、接觸佛陀，你能立刻證悟那深遠的快樂——就在此刻。

一念隨喜，即獲功德

第十八品〈隨喜功德品〉告訴我們，如何將聽聞、信受妙法，以及親身修行所得的快樂與人分享。有些人聽到《法華經》時，因還不能領會，無法完全吸收經中的教導，所以心中仍有疑惑。我們的心靈與心智也不夠廣大，同樣不能承受法華教法中深深的喜悅，在忍或包容上尚未修行圓滿。

但我們有朋友能聽聞、理解法華要義，且獲得自己的修行之果，他們自然擁有無比的喜悅，看到朋友這麼快樂，我們也開始覺得歡喜，這就稱為「隨喜功德」。

這妙法在心靈上的利益是如此廣大深遠，因此一接觸這妙法，你心中只要有一剎那的喜悅、一念的喜悅，你也有功德。

共享法喜，成為「法師」

第十九品〈法師功德品〉，解釋教授佛法之人何以有責任與人分享《法華經》的真理。所謂「法師」，即是指已深信究竟向度真理的人。證悟深度的理解與知見後，我們精力充沛，快樂無比，接著就走上與人共享快樂、洞見的功德之路。

在此的「功德」也有「證悟」之意，此一教法的功德在我們六根造成很大的改變。六根是指眼、耳、鼻、舌、身、意。當能接受《法華經》教示的真理，我們的感官認識就經歷了深層的轉化，眼睛自然能見到以前見不到的事物。我們證得法眼，能深觀並看到所認識的世界中，萬物或諸法的真實本質與如是性。

有了法眼，我們就能洞悉一片枯黃的秋葉，看到它美妙、鮮綠的本性，也能看出無論枯黃或鮮綠的一片葉子，包含了所有的功德——宇宙萬法奇妙的如是存在。受持法華教法這究竟的真理的人，他們的眼睛看得見萬物的無量壽命與不生不滅的本質。這是最初的功德——視覺轉化為法眼。

有了法耳，則能深入地聽。我們聽見鳥鳴的樂音、松林間的風聲，甚至一朵花綻放時極細微的聲響。傾聽這些聲音的同時，我們也在體驗它們不可思議的究竟本質。鳥兒歌唱表現出萬物究竟向度的真理，深入傾聽松林間的風聲，我們聽見了《法華經》的教法。所有的感官都經歷了相同的轉化，任何一種感官接觸到對象時，我們就接受到《法華經》的真理，最終達到意根或心理認知的轉化。

因聽聞、理解、修習法華妙法而產生的功德，我們的意根與其他諸根都經歷轉變與淨化，然後只需聽聞經中一偈一句，就能理解一切經典、教理，無須為理解佛法而研讀整部三藏。一首偈頌包含其他所有偈頌，一則教理透露出其他所有教理的深義，就如同無常的真理包含無我與相互依存的真理。這就是《華嚴經》的含義——一即一切。

獲得這廣大的功德後，隨著意根的轉化，我們任何一個念頭、概念都具有佛法之味。或許我們尚未證悟圓滿的智慧，或止息心中所有的煩惱，但有了一顆清淨心，我們每個念頭、盤算、推論、所說的每句話都符合佛法，所教導的無不是真理，其價值等同於經典中諸佛教授的佛法。《法華經》的廣大功德，轉化了所有聽聞、理解、信受並修習此經的人，讓他們變成法師，與他人分享其洞見與喜悅，藉此幫助他人證悟究竟向度的真理，越度到解脫的彼岸。

注釋

①……從阿賴耶識到感官識等八個心識層次的教理，是佛教唯識宗或瑜伽行派的主題，此宗派是西元四、五世紀由兩位印度大宗師無著、世親所創立的。關於闡釋世親論心識各層次與作用的基本著作，參見Thich Nhat Hanh, *Transformation at the Base: Fifty Verses on the Nature of Consciousness*（Berkeley, CA: Parallax Press, 2001）。

第十六章

正念之光……【第二十一品◉如來神力品】

為了完成究竟向度的探討，我們往前跳到第二十一品〈如來神力品〉。如來的神通力就是他實現修行的能力，這種心靈力量的基礎當然是如來的無量壽命——佛陀的究竟本性。我們已看到如來無法被放置在可計量的時空框架中，他超越一般對時空界限的概念。如來不是單一，而是眾多的；如來不僅在當下此刻，也以恆河沙數的應化身時時刻刻存在於一切處。因此，根據如來無量壽命與究竟本性的基礎，可明瞭如來的神通力非常廣大，超出我們的想像。

觸及實相，我們「即是」佛性

第二十一品的要旨是說，我們的修行就是分享如來的無量壽命與廣大的神通力，就如深入洞察一片葉子、一朵浮雲或任何現象時，能看見它在究竟向度的無量壽命，且理解自己也同樣享有究竟的無量壽命。若看得夠深入，將會發現自己不生不滅的本性；我們一如佛陀，也以廣大的能力生存，並發揮作用，這種廣大的能力，遠遠超過我們所認識的、會侷限自己的凡俗時空框架。

當我們能觸及眼前萬物的究竟向度時，就分享了佛陀的無量壽命與無限的心靈力量；當觸及如來的壽命與心靈力量時，也同時觸及我們的究竟本性與心靈力量。很多人一天到晚覺得自己猶如沙粒般渺小，可能覺得個人微不足道的生命並無多大意義，奮鬥度過一生，卻在臨終時自覺了無成就。這是一種自卑感，許多人深受其苦。若只從歷史向度的角度看待實相，我們可能覺得一個凡夫無法有多少成就；但若觸及實相的究竟向度，就知道自己一如佛陀，我們分享佛性——我們「即是」佛性。當我們的視野能超越眼耳見聞的時空限制，能超越自己自卑與無能的概念時，就會發現自己蓄積了廣大充沛的心靈能量，能與世人共享。

佛陀說究竟真理，具廣長舌

此時佛陀顯現一項意義重大的奇蹟。他伸出舌頭，他的「廣長舌」[1]能覆蓋三千大千世界；接著，從身上每個毛孔放射出七彩繽紛的無量光芒，照亮十方一切世界。在每個世界中都可看見有尊佛坐在菩提樹下的獅子座上，無比高貴、莊嚴，也同樣出廣長舌、放無量光。當佛陀的光芒照到十方諸佛時，這無量無邊的諸佛，也全都依序照亮無數三千大千世界中的一切國土。

這段經文中有奇妙無比的意象，那是《法華經》中名聞遐邇的生動描繪。首先是佛陀廣長舌的美妙意象。這觀念並非源於佛教，它早已存在於佛教成立前的其他印度宗教傳統中；意指說出真理的人，即被稱為具有廣長舌。佛陀只說究竟的真理（paramarthasatya，勝義諦），因此被描述為具有足以覆蓋三千大千世界的廣長舌。由於佛陀的諸根皆已清淨，因此能見到極為奇妙的事物，但當他談論這些奇妙的現象時，人們往往因無法以同樣的方式看見而不予採信。所以，佛陀必須提醒聽法的大眾：「我正在告訴你們真理；我所說的是真理，我也只說真理。」

發正念之光，每人都能現奇蹟

其次是佛陀放光的意象。在佛經中，「光」是一種隱喻，象徵已覺醒的理解，

《華嚴經》的世界即是光的世界。佛陀是光，從他周身的每個毛孔都湧現出光芒。他的正念之光非常強烈耀眼，有了這種光源，如來得以照亮一切世界，猶如以強烈的燈光照耀一般。有了這種強大的心靈力量之光，佛陀得以看清這正念之光停駐之處的任何現象。

我們的意識也具有這種光源，當開發正念的能力，讓正念照亮自己的內在與周遭，此時就能看見凡俗眼光看不見的許多事物。當正念之光或已覺醒的理解之光照亮一片樹葉、草葉，或一朵浮雲時，我們可全盤看清那個現象的神奇，可看見《華嚴經》重重無盡的世界不可思議地在我們面前展開。而且由於正念，我們就如佛陀般也能創造奇蹟。

假設有人正念分明地生活，經常處於專注的狀態，在正念與專注中回家、外出、站立、坐下、說話、切菜、洗鍋子，以及完成日常生活的一切活動，此人在一切身、語、意的行動中都發出正念之光。其他人遇到她就能接觸到那份正念，受到正念的影響，受到她正念之光的照耀，他們的正念種子也開始萌芽，自然而然地，也會在日常各種活動中培養正念。這是任何人都能實現的一種真正的奇蹟。

身邊的人發出正念之光，可能是兄弟、姊妹、父母、師長、配偶或同伴，這道光照拂我們，我們因而開始培養正念，也向外發出正念之光，照耀他人。佛陀是什麼？佛陀不外乎正念之光，這種光芒無論照耀何處，都能讓我們看見奇妙的真理——它所照耀對象的究竟向度。受正念之光照耀的人接著發出自己的正念之光，照耀其他人與事物，就如佛陀的光芒照到其他所有世界時，使得無量諸佛放光。當我們正念分明地生活時，也將正念之光遍照四周，幫助其他人接觸並發出自己的正念之光。

在越南傳統中，有個關於唐朝法藏大師的故事。大師曾教授武則天皇后《華嚴經》，當時他正興建一座八角塔，他命人將塔內的牆壁全部貼上大片鏡子。完工後，請皇后跟他一起進入塔內。他手拿蠟燭為皇后照明，當皇后踏入塔內時，看見眼前的鏡子映照出燭光；她一轉身，又看見身後的鏡子映照的燭光。然而，燭光不只映照在八面貼滿鏡子的牆上，因每面鏡子的燭光又映現在其他鏡面上，然後不斷地重重映現，於是就有重重無盡的燭光。大師以這種極為善巧的方式，向皇后說明《華嚴經》中因陀羅網的意象。因陀羅網是廣袤無垠的宇宙之網，網上懸吊的每一顆珍寶都映照出其他所有珍寶的影像，如此創造出重重無盡的光影。

《法華經》此品包含[2]「因緣重重無盡」的意象，它也出現於《華嚴經》中。當我們正念分明地生活，就好像周身的毛孔都放光照亮周遭的一切，即使有人尚未開始修行，接觸到我們的正念之光時，他們內在也開始產生正念的種子。這是自然的過程，無須我們極力地努力奮鬥；一道光芒不用努力照亮它碰觸的對象，只要安住在自己照明的本性即可。同樣地，我們不必耗費九牛二虎之力以發出正念之光，只要繼續修習正念，自然會對我們的環境與周遭的人產生影響，他們也跟著會發出正念之光。

根據「因緣重重無盡」的教法來看這一點，我們就能明白為何小至一個生命、一個人的行動，都能造成極大的影響。我們不再固守個人平凡渺小的生命是無關緊要的觀念，因我們存在的方式影響著自己的處境、環境，以及周遭一切的生命，就如佛陀般也有能力影響許多眾生與生命體。

當我們點亮內在的正念之燈，讓它發光，這時身邊所有的人也都能獲益；在教團生活中，只要有一個人具有正念，其正念之光即能利益整個團體；一個人生起正念，正念之光照耀到另一個人身上，兩人的正念之光又照亮另一個人，如此持續不斷，直到每個人——每顆因陀羅網上的珍寶——都放射正念之光。如此，我們就能在這個地球上創造光明的世界。

注釋（譯注：❷）

①……「廣長舌」是區分佛陀與其他聖者不同的三十二種殊勝相或生理特徵之一。其他殊勝相還包括佛頭頂上圓錐形的隆起——「頂髻」，以及佛雙眉間的一束毫髮——「白毫」。

❷……世間的一切存在或現象，皆由因緣和合而成，而因與緣並非單一直線的發展，而是互攝互入，相互影響，有著重重無盡的關連。

第十七章

囑託與信賴……

第二十二品◉囑累品

佛陀將妙法囑託諸菩薩

在第二十二品〈囑累品〉中，佛陀伸出他那如天絲般柔軟的手，同時輕撫聚在靈鷲山上聽聞《法華經》無量大菩薩們的頭，並說：「無量百千萬億劫以來，我已修行、培養如此難以獲得的阿耨多羅三藐三菩提法。現在我將此法囑託給大家，你們必須全心全意地廣為宣揚，使其他人也能從中獲益。」

「囑託」表示留下遺產，將照顧、保存、維護與延續某件寶物的責任，託付或授權給某人。我們在此看到佛陀賦予責任給一切菩薩，要他們保存《法華經》的妙法，並教授所有時空中無量世界的一切眾生。

接著佛陀向從無量世界來此打開多寶佛塔的一切分身諸佛致謝，感謝他們回應他的召喚，現身於靈鷲山上空，結合彼此的神通力，而能開啟寶塔之門，使地面上的四眾弟子能一探究竟的向度。這是對聲聞弟子眾的大悲行，因諸佛與菩薩當然無須打開多寶佛塔以親見究竟的向度，但僧伽想目睹究竟的佛，於是歷史向度中的老師釋迦牟尼佛召回所有的應化身，幫助他打開通往究竟向度之門。

這些分身都來此聚集時，那段時光充滿喜悅，他們一起喝茶、吃餅乾、討論法義。然後佛陀將妙法囑託諸大菩薩，要他們全都回到自己的世界，繼續引導眾生解脫的工作。經中說，如此他們就能回報諸佛教授法華妙義的大慈大悲——這是囑託的真正意義。「一切教法中，以此為第一。我今天把此法交給你們，讓你們得以受持，並廣為教導，以利益一切眾生。」

修習正念，散布分身

我們不應認為只有佛陀有如此眾多的應化身，若深入觀察，也可看見自己有許多分身。在一九六〇年代，我寫了一本《正念的奇蹟》[①]（*The Miracle of Mindfulness*），目的就是要幫助人們修習正念。撰寫這本書時，我運用了《念處經》（*Satipatthana Sutta*），但這本書很簡易、實用，且容易理解，它的形式是寫給社會服務青年學校工作人員的一封信，這個組織是我們之前在越南成立的一個青年團體，成立的目的是幫助重建受到戰爭摧毀的社區[2]。

此書[3]原本打算協助我們的學生，在從事解救[3]越南人民苦難的艱困、危險的工作中修習正念。我當時看出在這種情況下，修習正念將會非常有用，若學生們在救助他人時能保持正念，注意呼吸、微笑、保持全新的觀點，這種正念的修行會同時增長慈心與悲心，讓他們能持續從事如此艱困的工作。若他們總是在太大的壓力與困難度太高的情況下工作，無法保持正念；若他們變得憤怒、怨恨或開始自憐，可能就無法完成任何工作。所以，我寫《正念的奇蹟》來幫助他們。

我寫這本小書時，想像不到它會對整個世界造成的影響，它已被譯成二十五種語言，也重印了很多次，在全世界許多國家流傳。我到現在都還接到人們的來信，他們因閱讀這本簡易的書並修習正念，因而在生活與工作中經歷極大的轉變，這表示我們無法衡量或預期自己所從事的工作，在經過長時間之後的整體效應。我們的工作、行動、存在的方式，都是自己的分身，它們遍遊全世界，有很長一段時間持續對他人產生影響。

每個人都有許多分身，散布於世界各個角落，但這些分身所造成的結果並非我們能輕易衡量的。假如我們能如釋迦牟尼佛般顯現奇蹟，在瞬間將自己所有應化身聚集於一處，我們將會感到非常快樂——難得體驗到的一種喜悅。所以必須牢記，我們的學習與修行不只為了個人的利益，也為家庭、社區、國家與整個地球帶來利益。我們犯的錯造成他人的痛苦，修行的成就卻能利益許多人，這就是為何修習正念的藝術如此重要。修習正念，我們的分身就只為他人帶來愛、慈悲、利益，而非傷害。佛陀將妙法託付給我們，這表現出他對我們具有極大的信心。我們能變成佛陀的左右手，繼續如來引導一切眾生到達解脫彼岸的偉大工作，藉此回報這份囑託與信賴。

注釋（譯注：❷）

①……Thich Nhat Hanh, *Miracle of Mindfulness*（Boston, MA: Beacon Press, 1987）。（譯按：本書中譯本《正念的奇蹟》，於二〇〇四年由橡樹林文化出版社出版）

❷……一行禪師在一九六〇年代推動「入世佛教」（Engaged Buddhism），創設社會服務青年學校（the School of Youth for Social Service），引導青年以慈悲精神投身社會運動。學生畢業後運用所受的訓練，幫助在戰爭的騷動中被捕的農民。他們幫忙重建遭轟炸的村莊、教導兒童、設立醫藥站，並組織農業合作社。

❸……社會服務青年學校的工作人員並不支持任何一個武裝政黨，他們相信真正的敵人是意識型態、憎恨與無知。但此立場威脅到那些捲入這場戰爭的人，因此青年學校設立之初，學生遭攻擊，還有數人被綁架、謀殺，戰爭不斷拖延，即使在一九七三年越南和平協定簽訂後也未曾改變。

第三部　行動的向度

◉《法華經》第二十品、第二十三品至第二十八品

第十八章

常不輕——永不輕視……

——第二十品◉常不輕菩薩品——

中國佛教最重要、影響最深遠的宗派之一——天台宗，將《法華經》分為兩部分：前十四品描繪歷史的向度，後十四品則呈現究竟的向度。然而，這種分法有些缺點，在前十四品中有究竟的要素，而在後半部經文中也有歷史向度的成分。此外，還有另一種極為重要的向度——行動的向度。

行動的向度——菩薩的入世修行

這幾種向度相互依存，無法被分割。例如，當我們看一座鐘時，可看見它是由金屬製成，它的顯現中帶有金屬的物質，因此由歷史的向度——鐘的形狀，可看見它究竟的向度——讓它顯現所根據的材質。人們敲鐘，鐘就會發出悅耳的聲音，悅耳的鐘聲是鐘的作用；鑄鐘的目的是為了發出聲響，幫助我們修行，這就是鐘的具體行動。功用即是行動的向度，此向度與歷史、究竟向度在一起，不可分割。

我們必須建立《法華經》的第三種向度，以顯露它的功用——具體行動。我們要如何幫助歷史向度中的人們觸及其究竟向度，讓他們也能在安詳自在中過著喜悅的生活呢？要如何幫助受苦受難者打開究竟向度之門，以減輕恐懼、絕望、焦慮所帶來的痛苦？我蒐集了《法華經》中一切有關大菩薩的章節，歸入這第三種的行動向度，那是菩薩入世修行的範疇。

佛道上的修行與使眾生從苦中解脫，這兩者是菩薩的具體行動。《法華經》向我們介紹一些大菩薩，例如常不輕菩薩、妙音菩薩、觀世音菩薩、普賢菩薩，這些菩薩採取的行動是幫助歷史向度中的眾生，體認自己是以究竟為基礎而顯現。若無這樣的揭露，就看不見自己的真實本性。當我們修菩薩道時，就能證悟在不生不滅的究竟向度中自己存在的基礎——自己的實質本性。這是涅槃界，完全的解脫、自在、安詳與喜悅。

常不輕菩薩提醒人人都是未來佛

在《法華經》第二十品中，我們認識到一位完美的菩薩——常不輕菩薩（Sadaparibhuta），這名號也可譯為「永不輕視」。他從不低估或懷疑眾生成佛的能力，他要傳達的是：「我知道你具有佛性，知道你有能力成佛。」而這也正是《法華經》傳達的要旨——在究竟的向度上你已是佛，而在歷史向度上你可以成佛。以覺悟與愛為本質的佛性，已是你的內在，你只要接觸到自己的佛性，將它顯現即可。常不輕菩薩的出現，正是要提醒我們想起自己真實自性的本質。

這位菩薩消除人們自以為一無是處或自輕的感覺：「我怎麼可能成佛呢？怎麼可能證悟呢？我這個人什麼也沒有，只有痛苦，也不知如何脫離苦海，更別提要幫助別人了。我根本一無是處。」很多人都有這種感覺，且因而更加痛苦。常不輕菩薩努力鼓勵有這種感覺的人，給他們力量，提醒他們本身同樣具有佛性，也是一項生命的奇蹟，且能達到與佛陀相同的成就。這是傳達出希望與自信的偉大訊息，也是菩薩在行動向度中的修行。

常不輕菩薩其實是釋迦牟尼佛的前身，以此世間的菩薩身分示現，圓滿佛法的修行。但這位菩薩並未誦經，或採取任何常見的修行方式，例如禮佛、朝聖或花很長的時間禪坐；他的修行特色是，每碰到一個人，就萬分恭敬地對此人說：「您的價值非凡，是未來佛，我在您身上看到成佛的潛能。」

《法華經》中有幾段經文提到，人們對常不輕菩薩所說的話未必樂於接受，因很多人尚未接觸到究竟的向度，無法相信他所說有關自己本有佛性一事，以為菩薩在愚弄他們，所以菩薩常常遭到嘲笑、怒斥、驅趕。然而，即使人們不相信他，甚至口出惡言，拳打腳踢地把他趕走，常不輕菩薩並不生氣，也不放棄他們。他遠遠地繼續對著人們大聲說出真理：

我深敬汝等，不敢輕慢……
汝等皆行菩薩道，當得作佛。①

常不輕菩薩極為真誠、平靜，他從不曾放棄我們。他一生的意義——修行的成果，就是要把自信與希望的訊息帶給每個人。這是這位大菩薩的具體行動。想要修菩薩道，我們必須學習且修習這種行動。

此品告訴我們，常不輕菩薩在臨終時，突然聽見威音王佛宣說《法華經》，他雖看不見威音王佛，卻清楚聽見這尊佛講經的聲音；透過聽受佛法的力量，他突然發現自己六根皆已清淨，且不再處於瀕死狀態。由於深深領會《法華經》的要旨，他能觸及自己的究竟向度，達到不死的境界。

修習法華三昧，淨化六根

我們已得知佛陀在究竟向度的無量壽命。以歷史向度的觀點而言，佛陀可能約有百歲之壽；但以究竟向度的觀點而言，佛陀的壽命無可限量。常不輕菩薩因接觸到萬物的究竟向度，看到自己一如佛陀也有無量壽命，也看見每片樹葉、每顆石頭、每一朵花、每一片雲都具有無量的壽命。這是法華要義的一個基本觀點：感官經過淨化後，菩薩能看得極為深入，並理解六根（眼、耳、鼻、舌、身、意）如何產生六識；他的感官經過淨化後，就能如實地觸及實相的究竟向度，對萬物的認識不再有迷惑與迷妄。

這段經文描述一種我們也能經歷到的轉化：當調整好意識的基礎，透過修習正念，以及深觀實相的究竟本質，淨化自己的前五識與第六意識時，就能在林間的風聲或鳥兒的歌唱中，聽見《法華經》的真理；躺在草地上或在園中行禪時，就能接觸時時遍於四周的佛法真理。我們知道自己正在修習法華三昧，同時眼、耳、鼻、舌、身、意等六根都自動地轉化，獲得清淨。

證悟究竟真理之後，常不輕菩薩繼續活了好幾百萬年，對無量眾生傳達希望與自信的訊息。所以，我們明白《法華經》是一種長壽藥，服下這帖藥可享有長久的壽命，以保存《法華經》的教法，並傳達給其他許多人。我們知道自己的真實本性是不生不滅的，因此不再畏懼死亡；我們就如常不輕菩薩，時時勇於將妙法分享一切眾生。而所有以為菩薩只是在跟他們開玩笑的人，最後終於開始理解，看著常不輕菩薩，可以看見他的修行成果，所以也開始對他所說的話產生信心，而接觸自己的究竟本性。

不應自輕而退屈

這是這位大菩薩的修行——以慈悲、智慧之眼看待他人，向他們明示其究竟本性的洞見，而看見自己也映現在這究竟本性之中。

很多人有一種觀念，以為自己沒什麼長處，無法像其他人那麼成功，因而感到不快樂；若世間的成就不如他人，就會嫉妒別人的成就與社會地位，同時認為自己是失敗者。我們必須盡力幫助有這種感受的人，依循常不輕菩薩的修行，對這些人說：「你不應有自卑感，我在你身上看到一些非常美善的種子，你可以好好地培養，並成為偉大的人。若你更深入地向內觀察，接觸內在的這些善種，就能克服一無是處之感，展現自己的真實本性。」

中國的溈山大師寫道：

不應自輕而退屈。②

此話的目的是要喚醒我們。在現代社會中，根據心理治療專家的報告，很多人苦於自尊心不足，覺得自己一無是處、毫無貢獻，而變得意志消沉，再也無法好好地發揮一己之才，無法照顧好自己或家人。治療師、醫療人員、關懷者、老師、宗教領袖，以及這類受苦者身邊的親朋好友，都有責任幫助受苦者更清楚地看見其真實本性，讓他們脫離自己一無是處的錯覺。

若我們知道有朋友或家人自認一無是處，沒有力量，無法做善事或有意義的事，且這種負面的自我意象也奪去他們的快樂，這時我們必須盡力幫助朋友、兄弟姊妹、父母、配偶消除這種自卑感。這是常不輕菩薩的具體行動。

我們也要好好地修行，別增加他人的自卑感。在日常生活中，我們在不耐煩或煩躁時，可能會出口傷人、任意批評、吹毛求疵，尤其是面對自己的孩子時。當父母為了養家、照顧家庭，而辛苦工作、承受極大的壓力時，經常會在壓力或煩躁中犯下言語刻薄、不善或責備的錯誤。孩子的意識基礎尚未成熟，還很清新，若在他們心中播下負面的種子，便會摧毀他們快樂的能力。因此，父母、師長、兄弟姊妹與朋友都要非常謹慎，也要修習正念，以避免在孩子、家人、朋友與學生心中播下負面的種子。當我們的學生或摯愛的人感到自尊心不足，這時要想辦法幫他們轉變這種感覺，讓他們能更自在、安詳、喜悅地生活。我們要像常不輕菩薩那樣修行，他絕不放棄人們，也不會對人失去耐性；他總是對人舉起一面鏡子，讓對方看到自己的真實佛性。

我總是努力實踐這種行動。有一天，有對年輕的兄弟來我這裡，與我共度一天，我帶他倆去看剛收到的一部全新的手動印刷機。弟弟對機器很有興趣，正當他玩印刷機時，馬達卻燒壞了。當時我正按著一個按鈕，讓他們看這部印刷機如何運作，那個小男孩同時按下另一個按鈕，使得發動機載壓過重。哥哥很生氣地說：「導師！您只是要讓我們看這部機器，為什麼弟弟要做這種事？任何東西被他一碰都會變成廢鐵。」從這年輕男孩口中講出的這幾句話非常傷人，也許他一直以來因聽到父母或家人用這種責備的話語而受影響，所以他只是覆述自己聽到的話，絲毫不覺這些話對小弟所造成的影響。

為了減輕這段批評對弟弟可能造成的影響，我讓他們看另一部機器。那是一部裁紙機，這次我教弟弟使用的方法。他哥哥提醒我：「導師！別讓他碰這部機器，他一樣會把它弄壞。」我知道可利用這時機幫助這兩個孩子，於是對哥哥說：「別擔心！我對他有信心，他很聰明，我們可別以為他不聰明。」接著我對弟弟說：「來！這部機器是這樣操作的：只要按這個紐，放開這按鈕後，你再按那個紐，只要小心謹慎地操作，它就能正常地運作。」弟弟照我的指示操作，未讓它有絲毫損傷。他很高興，哥哥也很高興，我也跟他們一樣高興。

我以常不輕菩薩為榜樣，只需三、四分鐘就消除弟弟的自卑感，同時教導哥哥信任自己弟弟最好的一面，別只從弟弟的錯誤來看待他。其實，當時我有點擔心那個小男孩會弄壞裁紙機，但若我認為他會破壞它而心生猶豫，不讓他照著我的指示試圖操作一遍，我大有可能毀了他。維護一個孩子內心的健康與幸福，遠比維護一部機器更重要。

包容的行動——忍辱行

你只要對常不輕菩薩的行動有信心，很快就能幫助他人克服負面的自我意象。這位菩薩讓每個人明白，自己內在具有圓滿無缺的成佛能力，能成為圓滿覺悟者。《法華經》的要義是人人皆能成佛，也將會成佛，常不輕菩薩就是代表佛陀與《法華經》的大使。使節難免遭到辱罵或攻擊，常不輕菩薩也遭到這種待遇，他將訊息帶給大家，但並非每個人都欣然接受，因他們還無法相信自己的佛性，當聽到菩薩所傳達的訊息時，以為自己被奚落、嘲笑。[3]「長久以來，他不斷遭到傷害……群眾中有些人會用棍棒、瓦石打擊他。」一個法師或菩薩的傳道需要高度的愛心、平等心與包容性。

常不輕菩薩即代表包容的行動，也就是忍辱行。「忍」是六波羅蜜之一，在本書最後一部分將有詳細的探討，它也譯為「耐心」，我們可在常不輕菩薩身上看到這種偉大的特質，這種特質也出現在釋迦牟尼的弟子富樓那身上。

富樓那在《法華經》第八品中獲得佛陀的讚歎，雖然只是被順帶一提，他卻是另一部經《佛說滿願子經》的主角。在該部經中，佛陀指導他修行，然後問他：「你要到哪裡分享佛法，並建立教團呢？」富樓那比丘說想回到故土——東海上的首那和蘭島（sunaparanta，輸盧那國）。

佛陀說：「比丘！在那個地方傳法會很艱困，因那裡的人相當粗暴。你認為自己有能力到那裡去教導、幫助他們嗎？」

「是的，世尊！我想我有能力。」富樓那回答。

「若他們對你咆哮、出口侮辱你，你怎麼辦？」

富樓那說：「若他們只是咆哮、辱罵我，我會認為他們已夠和善了，至少他們未對我丟擲石塊或腐爛的蔬果。世尊！就算他們這麼做，我還是會認為他們夠和善，至少他們未用棍棒打我。」

佛陀繼續追問：「若他們以棍棒打你，怎麼辦？」

「我還是認為他們和善，因他們未用刀劍殺我。」

佛陀警告富樓那：「若他們要取你的性命呢？因你將帶給他們新的教法，剛開始他們不理解，也許會滿懷猜疑、仇視，所以可能會想殺掉你。」

富樓那回答：「果真如此，我也會從容赴義，我的死將會是一種教導，因我知道這個肉身並非我唯一的化身，我可顯現在許多形體之中。所以我不在意是否被殺，也不在意成為暴力的受害者，因我相信自己能幫助他們。」

佛陀說：「很好，朋友！我想你已準備好到那裡去助人了。」

於是富樓那前往首那和蘭島，他成功地在該島召集五百人，成立在家居士的教團，實行正念的訓練，也建立了一個大約五百位修行者的僧團。他教化當地人們改變暴力行為的努力成功了，樹立了忍辱包容的典範。

常不輕菩薩可能是富樓那的前身或未來身，我們也是如此。若知道如何修習包容，我們也會是這位大菩薩的未來身。我們知道常不輕菩薩有無量壽，因此可在任何時刻接觸到他的行動與誓願；當遵循常不輕菩薩而修習包容時，他就在那一刻在我們身上重生。我們觸及「人人皆是佛陀」這種偉大的信念與知見，而它正是《法華經》的精髓，然後我們就能開始從事菩薩的志業，懷抱此知見引發的深切自信，並將信心與知見與他人分享。

治療師與其他醫療人士、法師、學校老師、父母、家人、同事與朋友，都能學習如常不輕菩薩般地修行。若遵循深信、自信與包容之道，我們即可幫助許多人免於負面自我意象的痛苦，證悟自己的真實佛性，也引導他人進入究竟的向度。

注釋

①……Hurvitz, p.283。(《大正藏》冊9，頁50c)

②……Thich Nhat Hanh, "Awakening Words of Master Quy Son," *Stepping Into Freedom* (Berkeley, CA: Parallax Press, 1997)。(譯按：原句出自《溈山大圓禪師警策》)

③……Hurvitz, p.280-281。(如此經歷多年，常被罵詈，……眾人或以杖木瓦石而打擲之。〔《大正藏》冊9，頁50c〕)

第十九章

藥王……——第二十三品◉藥王菩薩本事品——

《法華經》第二十三品〈藥王菩薩本事品〉為我們介紹另一位大菩薩——藥王菩薩（Bhaishajyaraja）。他與常不輕菩薩同是覺悟行動的典範，但他在另一種行動面——虔誠、信心與感恩的行動，以實現《法華經》的教法。

若無信心，人類不可能生存；若無愛，我們無法真正證悟自己圓滿的人性。我們修習佛法，不只為了獲得知識，更為了自我轉化，使自己具有愛、感恩的能力，藥王即是代表這個層面。常不輕菩薩扮演一個特定的角色，以作為佛陀的左右手，藥王菩薩也是如此。

全然活在當下即是「行動」

在此品的開場中，有位來自宇宙另一個國度的宿王華菩薩問佛陀：「世尊！藥王菩薩以何種方式遊歷於娑婆世界？」在此經的越南譯本（依漢譯本所譯）中，這段經文是「du thu ta ba the gioi」，意思是「藥王菩薩在娑婆世界從事哪一種事業？」其實這與做生意無關，較貼切的解讀應是「這位菩薩如何愉快地遊歷此世界？」越南譯本中的〈觀世音菩薩普門品〉有「愉快遊歷」、「愉快停駐」等經句，可見諸大菩薩都知道如何自在地享受在娑婆世界的旅程。

我們在娑婆世界遊歷時，也必須知道如何讓自己過得快樂。理解這一點，就不會把此生視為某種需要完成的任務，而會比較自在，無須匆忙，也不必策畫，仍可為他人服務而有所貢獻，因我們樂在其中。我們能做事，而不執著其結果；能完成所有行動，不論辦禪修、建教團或幫助囚犯的工作，用的是一種自在、解脫、喜悅的精神，而不被想達到某種程度的成就等觀念所束縛。

假設有人想建一座寺院，他們丈量土地、草擬藍圖、估算勞工與材料的花費、選定屋瓦的顏色，以及從事其他種種相關事宜，他們在做時都帶著一份滿足感、自在感，就如同在度假一般。若無這種自在的精神，就算是諸佛菩薩也無法在娑婆世界愉快地生活。

西元第二世紀最早譯為漢文的《四十二章經》[1]中有句經文：「我教授的佛法為非行動的行動，非修行的修行。」我們認為「行動」、「非行動」兩者截然不同。當說：「別只是坐在那裡，做點事吧！」就是在催促人們行動，但若有人狀況不好，不夠平靜、理解，無足夠的包容力，或滿懷憤怒、恐懼，那麼他們的行動不僅無益，且可能有害。我們「存在」的特性決定了行動的特性，因善巧的行動來自於「存在」這個基礎，而「存在」即「非行動」。所以，我們「存在」中的「非行動」特性──平靜、正念、全然活在當下，就這層意義而言，已是一種「行動」了。

我們之中可能有人表面上看來沒做多少事，但對於他們切身環境與全世界的福祉而言，其存在卻至為重要。那也許是家庭中的某個人，雖然並非整天忙碌，也未賺大錢，但這人一旦消失，卻會讓整個家庭大為苦惱，因他或她貢獻了「非行動」──其「存在」的特性。

想像一下，有滿滿一船人在海上遭遇暴風雨，若人人驚慌失措，恐懼、著急地紛紛跳起身來四處亂竄，這樣就會使船更加搖晃，甚至翻覆。但只要有一個人保持冷靜，平靜地對大家說：「親愛的朋友們，請待在原地，安靜坐好吧！」此人就可能救了船上所有的人。他雖未採取任何「行動」，只是保持平靜，幫助他人恢復平靜，卻以此方式避免了一場災難。這就是善巧的「非行動」，那是「存在」的特性，也是所有善行的基礎。

我們必須透視每項行動，以看出其背後的基礎——讓行動得以產生的「存在」特性。有時你可能並未採取任何「行動」，其實卻正在做許多事；有時你做了很多，總是忙著照料許多事，卻未真正完成多少工作，因你的行動來自於奮鬥——一種讓人精疲力竭，無法體會當下安詳、喜悅的奮鬥。有人甚至以這種奮鬥方式展開佛教的修行，他們非常努力地修行，一天花十二個小時禪坐、誦經、念佛，卻毫無改變，憤怒、挫折與怨恨依然存在。

「[2]我的法是要採取非行動的行動，從事非修行的修行，達到非成就的成就。」《四十二章經》這段經文傳達的是，我們不應受外在形式束縛，不應對非行動與行動、存在與行為產生分別心。

很多人努力做很多事，然而做得愈多，卻讓家庭、社會、世界更為擾攘不堪，那是因我們「存在」的基礎尚未穩固。試試看反向操作：別做任何事，不立刻採取任何行動，先以修習禪定和正念來改善自己「存在」的特性。活在當下此刻——全然活著，全然當下，這對任何情況都是很積極的貢獻。

透過修習正念，我們的洞見、慈悲、理解得以增進，這是我們對全世界最好的奉獻，這就是非修行的修行、非成就的成就、非行動的行動。我們改善自己「存在」的特性，讓自己擁有安詳、喜悅，然後才能將這份安詳、喜悅獻給家庭、社區與全世界。

一切眾生喜見菩薩的修行——燃身供佛

《法華經》中關於藥王菩薩的這一品，談到他的過去生，描述他如何成為藥王菩薩。從前他在日月淨明德佛（Candrasuryavimalaprabhashri）指導下修學，當時他名為一切眾生喜見菩薩（Sarvasattvapriyadarshana）。我們不時會遇到這種人，不論男女老少，只要看見他們都會心生歡喜，他們的出現是如此美好、如此令人清新愉快，以致每個人都很高興能見到他或她。

一切眾生喜見菩薩成為日月淨明德佛的傑出弟子，他對自己的老師極為虔誠、敬愛，師徒之間關係密切。由於深厚的師徒情誼，一切眾生喜見菩薩有了長足的進步。當我們深觀他修行的本質時，可發現虔誠、奉獻、愛與忠誠。

你可能覺得好奇，虔誠和愛何以能成為深觀與證悟修行的一部分？我們需要愛老師嗎？需要愛學生嗎？需要愛同為佛道上的兄弟姊妹嗎？

這些問題的答案都是肯定的。對嬰兒的成長，雙親慈愛的存在是相當重要的關鍵；同樣地，對學生而言，老師充滿愛心的存在也很重要；對修行上的成長而言，教團中的兄弟姊妹們愛的存在也非常重要。這就是一切眾生喜見菩薩發出的訊息——我們需要愛、感情、溫暖和撫育，才能在修道上成長、進步。

一切眾生喜見菩薩在心靈的修行上進步神速，最後終能證悟究竟向度的解脫與洞見，達到「現一切色身三昧」；他不再認為肉體等同於自己，他能顯現各種分身以幫助各種人——若有必要示現為小孩，他就變成小孩；有必要變為女人，他就以女性的形象出現；需要變為商人，他就示現為商人。他總是因應情況，以最恰當的形象出現，這使他能為所有與他相遇的人帶來喜悅。他不受身體是永恆不變自我的觀念所困，為了幫助各類眾生，他能如佛陀與觀世音菩薩般，顯現為許多不同的應化身。

當一切眾生喜見菩薩顯現了「現一切色身」的能力後，他對老師更加敬愛、感激。出於深深的敬愛與感激，也由於他深觀自己的究竟本性，可輕易地放棄自己的色身。《法華經》告訴我們，為了供養佛，也為了展現身體並非永恆不變自我的洞見，他周身淋上香油，以火燃身。這種展現解脫與洞見的方式相當激進，是出於深刻敬愛的一種極端表現。

廣德比丘燃身，促政府停止迫害

很多人都知道一九六〇年代引火自焚的越南比丘，[③]這種作法的根源即是此品。因這些比丘已證悟，洞悉自己的究竟本性，不再執著於色身即自我的觀念，因此能自在地運用身體傳達有力的宣言。他們將自己的色身轉化為火炬，照亮了越南人民所承受的苦難。只有已真正解脫，且深入洞悉究竟向度的人才能採取這種行動。真正證悟自己當前的色身並非永恆堅固的實體時，你便能運用許多形象，然後才會有勇氣放棄自己的身體，絲毫不受痛苦。

當然，只有在極端的情況下，才以放棄一己的生命與身體作為一種供養；只有圓滿證悟無畏、無執著的人，才能採取如此激進的行動，以昭顯某種受苦受難的情況。釋廣德比丘（Thich Quang Duc）是一九六三年第一個引火自焚者，他的作為是越戰期間的一種抗議行動，他想讓世人知道佛教徒在越南所受的迫害。當時的總統吳廷琰（Dinh Diem）是天主教徒，他下令禁止慶祝衛塞節（Vesak）——佛誕日。在一個總人口有百分之九十信奉佛教的國家中，耶誕節是國定假日，人們卻不許慶祝佛誕。釋廣德參與了恢復人權與宗教自由的非暴力抗爭，他寫了許多滿懷悲憫的信，敦促政府停止對佛教徒的迫害，但鎮壓卻持續進行。有一天，他請一位比丘載他到西貢市堤岸區（Cholon）繁忙的十字路口，他將汽油淋在自己身上，盤腿坐在街上，然後點燃了一根火柴。

幾小時之內，比丘燃身的影像刊載於許多國家的報紙，世界各地的人因此得知越南人民遭受的迫害與苦難。一、兩個月後，吳廷琰政權被軍方推翻，歧視佛教徒的政策也畫下了句點。

我與廣德比丘有私交，當我還是個年輕比丘時，曾與他在越南中部的一個僧團中修行。此外，我也曾在他位於西貢附近的寺院中停留過一段時間。一九六三年，我在美國哥倫比亞大學授課，當時我從《紐約時報》一篇報導與照片得知他的死訊。很多人問我：「這樣的行為不是違背了佛教的不殺生戒嗎？」因此，我寫了封信給馬丁．路德．金恩牧師，向他解釋廣德比丘的行為並非自殺。自殺者深陷絕望，以致不想再活下去，但我知道廣德比丘熱愛生命，他只希望朋友與一切眾生都能安詳地生活。

當耶穌基督死在十字架上時，他為了世人而這麼做，他的犧牲並非由於絕望，而是由於想幫助世人的願心，以及對人類的大愛。正是這樣的願心與大愛促使廣德比丘行動，這行動並非出於絕望，而是出於希望與愛。他已解脫到足以獻出自己身體的地步，這麼做的目的是要傳達一個訊息，讓全世界知道越南人民正在受苦，需要幫助。當烈焰吞噬他時，他的大慈大悲使自己能端坐不動，處於全然三昧——全然專注之中。

這種行為是極為深奧的供養。他奉獻的是什麼呢？是積極展現了我們的菩提心——為幫助一切眾生到達解脫彼岸，而全心修行與證悟菩提的願心。

《法華經》告訴我們，一切眾生喜見菩薩證得三昧之後欣喜異常，他獻給日月淨明德佛種種供養，以表達他對所獲佛法深深的感激與虔敬。但經中又說：「**作是供養已，從三昧起，而自念言：『我雖以神力供養於佛，不如以身供養。』**④」他想再次供養，獻上最珍貴之物——他的身體。他已證悟無畏、無執著、無生、無死的境界，此色身並非他唯一的身體。雲變形而成雨，雨變形而為雪，雪融化回歸其究竟本性而為水，水再次變化成雲，沒有任何一物消失不見。經中說，當菩薩燃其色身時，燃身的火光照耀如八十億恆河沙數的世界，而菩薩之身經過「千二百歲」才燃盡。這種光是一種覺醒之光，也是一種對佛法的供養。菩薩周身發出光芒，讓每個人擁有與他相同的眼界，都有機會看到究竟向度中不滅的本質。

一枝梅燃身，呼籲和平

所以，我們必須將這種供養放在適當的背景下來理解。在水深火熱的時代中，例如越戰期間的越南，我們之中有許多這樣的菩薩。在越南「相互依存教團」最早創團的六位成員裡，有位年輕的女性名叫「一枝梅」（Nhat Chi Mai），是我的弟子。她自燃其身，意在呼籲南、北越停止相互仇視。

當時到處都發生大規模的破壞，每天有很多人死於密集的轟炸。那時越南有五十萬美軍，且美國官員宣稱將要「把北越炸回石器時代」。我們團體中有許多人瀕臨絕望，年輕人來問我：「導師！有任何停戰的希望嗎？」我不知該說些什麼，花了幾分鐘修習入出息念後，我才說：「佛陀教導我們：一切都是無常的。戰爭也是無常的，終有一天會停戰。」

一枝梅就是在這樣的情況下選擇燃身供養。她未與任何人商量就採取行動，她遺留信件給父母、朋友，也寫下訴願書，呼籲交戰中的政黨收手。她知道警方會沒收信件，也會封鎖她和平調解的訴願，所以影印了信件，託付給一個朋友在她死後散發。

她寄給我一封信，我到現在還保留著，信上寫著：「親愛的導師！請別擔心，和平必定會來臨。」如此而已，這是她在自焚前不過幾小時寫的信，當時她即將死亡，卻還只考慮我們，不想看到我們擔心。顯然她的行動是出於真愛，而非絕望。

當時我在巴黎，我寫信給在佛教團體中的朋友，請他們響應紀念一枝梅。其中有位朋友椰子比丘，之所以如此稱呼他，是因他喜歡在椰子樹上的平台禪坐，覺得那裡非常清新涼爽。椰子比丘本來在法國求學，畢業後成為工程師，但他回到越南後選擇出家為僧。椰子比丘回應我邀請大家紀念一枝梅的信，他寫了一段感人的弔詞：「梅！我的姪女（椰子比丘在此以越南的禮俗稱一枝梅為「姪女」），現在我也跟你一樣也正在燃燒自己，唯一的差別是我燃燒的速度比較慢。」

椰子比丘的意思是，「就像你的生命般，我的生命也奉獻給和平。」他其實做了很多事，對人們施以和平教育，雖然當時許多人都認為他的行為不甚明智，然而一旦深入觀察，我們將會發現他的行動都很有意義。

椰子比丘的行動

例如他籌組一個修行中心，請人們來此練習禪坐。他蒐集那地區的子彈和砲彈碎片，鎔化後鑄成一座正念鐘，掛在修行中心裡，每天早晚讓鐘發出聲響。他在一次奉聖啟用典禮中說：「親愛的子彈！親愛的砲彈！我已幫你們聚合起來，好讓你們修行。雖然你們前世殺人，但此生卻發揮喚醒世人的作用，你們喚醒世人的人性、愛與理解。」這種行動非常美好，且深具意義。

椰子比丘曾到阮文紹總統的官邸傳達和平的訊息，但警衛不讓他進去。他身邊帶了一隻老鼠和一隻貓，被拒入內後，他坐了下來，並讓兩隻動物保持平靜，相安無事。

警衛對他說：「走開！你不能一直坐在這裡。你為什麼要待在這裡？」椰子比丘回答：「我想讓總統看到——就算是貓與老鼠也能和平共存。」他被關進監獄，在獄中以自己的食物餵養那兩隻小動物。一星期後，他對另一名囚犯說：「這隻貓雖然每天都吃不飽，且有能力吃掉老鼠，但牠並未這麼做。身為人類的我們為何要如此相互爭鬥、殘殺呢？」這也是椰子比丘的行動。

心理治療師可能會認為，有這種行為舉止的人心智失常或錯亂，但椰子比丘並非如此，事實上他的神志相當清楚，他採取這些行動是為了要傳達一種訊息。在紀念一枝梅時，他談到懷抱幫助一切眾生的願心而燃燒，不論迅速地燃燒，或如一切眾生喜見菩薩花了千年以上才燒盡色身地慢慢燃燒，他在燃燒的過程中一直教育世人，讓人們深觀不生不滅的究竟實相。

修習虔誠、奉獻與愛

當色身完全燃盡之後，一切眾生喜見菩薩再生而為王子，在二十歲時找到日月淨明德佛。他跪在佛前，對自己前世的老師說：「太好了！親愛的老師，您還在世間。」《法華經》記載他所說的偈頌，直到今天，越南比丘在上香時仍念誦：

容顏甚奇妙，光明照十方。
我適曾供養，今復還親覲。⑤

這位菩薩過去已供養老師日月淨明德佛，現在他回來再次親近老師，因前世建立的深厚師徒關係，他再度出生於這尊佛的國度，與昔日的老師重逢。這就是藥王菩薩的修行所樹立的典範——虔誠、感恩、忠誠之道。

日月淨明德佛回應菩薩說：「太好了！你回來的正是時候。我今夜將入涅槃，不再示現佛身。現在我將佛法囑託給你，你留在此處繼續教化，維護妙法的義理，並向宇宙一切眾生說此妙法。」

就如常不輕菩薩的修行有特定的功能——提醒人們其本有的佛性與成佛的潛力，藥王菩薩則代表修行的另一面——修習虔誠、奉獻與愛。若無虔誠與恆心，你無法進步或深入；若無這種摯愛與奉獻，就很難獲得洞見。因此，與教團中的兄弟姊妹和師長建立良好的關係，是非常重要的。我們不該低估有關虔誠的修習，但光有虔誠不夠，必須與禪定、深觀與慈悲行的修習並行。

《法華經》行動向度中的大菩薩提供給我們許多修行方法與形式的榜樣，透過它們，我們可成為佛陀在這世間的左右手。

注釋 （譯注：❷）

①……*Sutra of Forty-Two Sections*（Burlingame, CA: Buddhist Text Translation Society, 1994，雙語版）。（譯按：原漢譯經文為：「**吾法……行無行行……修無修修**。」）

❷……原漢譯經文並無最後一句。

③……《法華經》此品也是中、越佛教傳統中一項慣例的起源。當準備受具足戒——比丘受二百五十戒，比丘尼三百四十八戒——的人，一受戒就會跪下，以針灸所用的艾草在自己頭頂燃戒疤，通常燃三個或九個戒疤。這儀式表達他們的勇氣與一生信守修行、服務以幫助眾生的承諾，這種行為也被認為是對佛、法、僧的一種供養。

④……Hurvitz, p.294。（《大正藏》冊9，頁53b）

⑤……Hurvitz, p.296。（《大正藏》冊9，頁53c）

第二十章

妙音……【第二十四品◉妙音菩薩品】

我們在《法華經》第二十四品認識另一位菩薩——妙音菩薩（Gadgadasvara）。妙音菩薩的活動範圍並不止於娑婆世界，還包括整個宇宙。釋迦牟尼佛與常不輕菩薩都出生於地球，在下一章我們將遇見的觀世音菩薩也是地球之子，但妙音菩薩卻是娑婆世界的過客，他是從宇宙其他國度來此拜訪的一位菩薩。

妙音菩薩向佛陀致敬

在靈鷲山宣說《法華經》時，佛陀會不時地放光，遍及三千大千世界，當被此光芒照耀時，妙音菩薩看見了釋迦牟尼佛與靈鷲山上的會眾，他也想到地球這顆小行星上聽法，並向娑婆世界的佛陀致敬。

他向老師淨華宿王智佛（Kamaladalvimalanakshatrarajasamkusumitabhijña）請求，而這位佛陀也允許妙音菩薩到釋迦牟尼的世界。在妙音菩薩所處的宇宙空間中，諸佛菩薩的身軀都遠比地球上的佛菩薩高大、莊嚴。經中形容那裡的菩薩雙眼「如廣大青蓮華葉」，身體為「真金色」。

所以，妙音菩薩的老師告訴他：「孩子！你到了那裡必須謙遜。娑婆世界的眾生身形矮小、沒有光采，那個世界又不如我們這裡美麗，但別藐視他們，釋迦牟尼佛很偉大，他的四眾弟子也很傑出。」

許多來自宇宙其他地方的菩薩，也跟隨妙音菩薩來聽釋迦牟尼佛宣說《法華經》，在他們到達之前，靈鷲山四周現出眾多巨大美麗的蓮花。看到這些蓮花驟然湧現，釋迦牟尼法會中的比丘、比丘尼、在家居士與菩薩都驚異不已，於是請佛陀解釋。佛陀告訴他們：「有很多來自宇宙各處的菩薩來拜訪我們，其中有一位妙音菩薩。」佛陀還對會眾說妙音菩薩的前世是一位音樂家、作曲家，他用音樂為佛、法、僧服務。

在心中創造和諧的正念之樂

身為音樂家、作曲家、歌手的人可遵循妙音菩薩的修行道，音樂可創造我們內在與教團中的和諧。例如，唱誦幫助我們專注，增長正念、虔誠、快樂。在禪坐期間，當念偈頌時，就是一種音樂的練習。藉由修習入出息念，我們可幫助教團安詳、和諧。

這是我們修行的一部分——在自己心中創造和諧的正念之樂，同時與他人分享這種音樂。當整個教團聚在一起靜默不語，在深度的正念中呼吸，這也是我們會十分欣賞的一種靜默之樂。我們安詳、和諧地坐在一起，毫不費力，只是讓自己的存在現前，完全存在於教團中，這就足以滋養、治療個人與整個團體。這是一種音樂治療，能創造安詳、和諧，並具有療癒、轉化的力量。

妙音菩薩是深入練習這種音樂的人，那是天籟，有助於我們的修行。一如藥王菩薩，妙音菩薩已證悟「現一切色身三昧」，也成就其他多種三昧，包括「解一切眾生語言三昧」。此處的「理解語言」不只表示具備種種不同語言的知識，如英語、法語或越語，而是表示有能力理解每個人極深層的心理狀態與內在表達，理解他們內心深處的渴望、痛苦、欲望、夢想。因此，我們可說妙音菩薩繼續藥王菩薩的修行道，並能再往前推展。

聲音——音樂與唱誦——是一種修行佛道的方式。畫家可以用形、色供養佛、法、僧，建築師能供養塔、寺，詩人以詩篇與詩意的意象供養。妙音菩薩是音樂家，他的音樂以覺醒的理解為基礎，以他的知見、三昧為基礎。覺悟的理解是理解眾人之心的能力，不僅理解眾人所說的話，也理解其心意。這種令人解脫的音樂能直扣聽者的心，轉化他們的心智與心靈。這位菩薩創造的妙音不會激起悲痛哀傷，只會帶來自在、安詳、喜悅之感。

創造出具有覺醒、自在特色的音樂，讓人增長信心，這是對佛、法、僧一種極有價值的供養。當我們吟唱一首解脫之歌時，聽到歌聲的人頓覺內心輕鬆，並生起喜悅與信心。當我們創作神聖的音樂、神聖的藝術、神聖的語言時，就是在跟隨妙音菩薩之道。

第二十一章

普門……第二十五品◉觀世音菩薩普門品

《法華經》第二十五品〈觀世音菩薩普門品〉非常重要，這是《法華經》諸品中最常被人們讀誦的一品，內容是關於「普門示現」的大悲觀世音菩薩（Avalokitesh-vara）。

觀世音菩薩能回應一切眾生的需求

假設你在公路上開車，正想找個出口以進入市區，或你正在市區開車，想到鄉間或另一個城市去，一路上有許多出口、匝道通往四面八方。在法國的公路上，經常會看到一個指標寫著「toutes directions」，即是指「四面八方」，不論你想到哪裡去，順著指標的出口，都能讓你到達目的地。這就是觀世音菩薩的行動——通往解脫的「普門」。

「普」意指涵蓋萬物的能力，包括各種範圍、情況、地方與時刻、時間與空間，這種修行能因應所有受苦的情況。觀世音菩薩是愛與慈悲的菩薩，不論是哪一種情況，慈愛是唯一的答案。

此品一開始，無盡意菩薩（Akshayamati）便就觀世音菩薩的名號請問佛陀：「為何這位菩薩……名為『觀世音』呢？」佛陀先描述觀世音菩薩的偉大力量，他能示現各種形象，以幫助任何求助的眾生，這是此品散文部分的主題。然而，無盡意菩薩仍想知道觀世音菩薩何以有此美妙的名號，於是再問：

世尊妙相具，我今重問彼：

佛子何因緣，名為觀世音？

佛陀回答：

汝聽觀音行，善應諸方所。①

這就是「普門」的定義。觀世音菩薩的行動能回應任何眾生、任何情況的需求，無論示現為男性或女性，他或她都能涵蓋所有範圍、時空。在亞洲，有很多人認為觀世音菩薩是女神，她在中國稱為「觀音」。事實上，觀世音菩薩可以是男性或女性，如同佛陀在《法華經》中解釋，這位菩薩可示現為商人、政治人物、兒童、龍、馬或花，能以最適當的形象來回應祈求者的需要。在需要出現的情況下，觀世音菩薩會以最有用的形象出現，以減輕人們的苦難。

深觀世間的聲音

有時這位菩薩的名號被譯為越語的「Quan Tu Tai」（觀自在）。「觀」意指觀察、深觀、辨識，此字譯自梵文「vipashyana」，它常與「shamatha」（止）連用。「止」表示專注、靜止、停止。

「止」與「觀」是禪修的兩種要素，也就是靜止、專注，以及深入觀照禪修的對象——可能是自己的憤怒、絕望，或所處的困境，在其中你將會發現自己。「自在」表示解脫，由於修習止與觀，你將離苦而得自在。《心經》（Heart Sutra）開頭第一行說：

觀自在菩薩，行深般若波羅蜜多時，照見五蘊皆空，度一切苦厄。[2]

經文的第一句是關於深觀，第二句則談到自在，因此，《心經》一開始就解釋觀世音菩薩的名號與修行。他的修行是深觀實相的究竟本質而證得知見，讓他得以解脫一切苦難。

觀世音菩薩在越語中稱為「Quan The Am」（觀世音），意指觀察、傾聽、深觀世間的種種聲音，聽聞此世界的哭泣與其所表達的心意。眾生以種種不同的方式自我表達，無論是否已完全表達自己的心聲，觀世音菩薩總是能理解眾生。就如孩子並無足夠的詞彙表達自己的想法，但父母仍能理解。同樣地，不論人透過語言或肢體行動來說話，觀世音菩薩總能理解。

《首楞嚴三昧經》[3]（Surangama Samadhi Sutra）中說，觀世音菩薩藉由細察深觀世間音聲而覺悟。通常我們談到禪修的對象時，大多是指透過視覺而映入眼簾的某個影像，而非聲音。但此處深觀的是所覺知的聲音，此時禪修的對象是聲音——世間的聲音，也就是世間的哭泣，因苦難經常以哭泣來表達。《法華經》中說：

弘誓深如海，歷劫不思議；

侍多千億佛，發大清淨願。④

觀世音菩薩的誓願廣闊如大海，且在過去無數生中都有這種誓願；他從前曾伴隨數百萬尊佛，因而立下如此偉大清淨的誓願。

稱念名號或觀像，滅三界之苦

聞名及見身，心念不空過，
能滅諸有苦。

任何人稱念觀世音菩薩的名號或觀想其形象，到心能完全專一與清淨，此人就能克服各種苦難。所以，我們只要呼求觀世音聖號或觀想其形象，就能開始修觀世音菩薩之道。

稱念某個偉大者的名號是種相當普遍的修行，不僅在佛教是如此，在其他許多宗教傳統也一樣。這種修行在梵文中稱為「nama japa」，「nama」表示「名」，「japa」意指「重複」、「祈禱」、「念誦」。稱念這位菩薩的名號幫助你心念專注，而變得平靜、清醒、正念分明；平靜而單純地稱念「觀世音菩薩」這個簡單的行動，就能幫助我們克服苦難。

我們也可觀想他莊嚴地乘著生死的浪濤，完全自在無懼的美妙影像。這種修行稱為「rupa japa」，意指「喚起形象」。在心中喚起一個偉大者的形象，也能幫助你內心專注、清淨、正念分明，進而克服苦難。

關於這兩種修行，有一點是必須要很清楚的，你不能機械式地稱名或觀想，必須百分之百地專注、誠摯，唯有如此，你的心才會靜止、寧靜、清淨、專一。

偈頌中「諸有苦」意指「三界」[5]——輪迴中的三種世界或領域。若以現代心理學的觀點來理解，這三種領域代表我們可將有關正念、專注、知見等修行，帶入自己日常生活中的三種不同層次。我們每天都經歷三界，有時當自覺不受執著束縛，不再追逐外物時，就身處無色界；解脫部分而非全部的執著時，則處於色界；然而，我們最常在欲界中——完全陷於執著，一天到晚追求外物，無法體驗當前此刻的安詳與喜悅。

不論你發現自己是處在哪一界，都能藉由喚起觀世音菩薩的名號或形象來修行。若你在苦難中，觀想觀世音菩薩或稱念其名號，讓心中充滿其形象或名號，心會因修習此正念而專注，然後就有機會離苦。這樣做不僅僅止於「虔敬」，其實已是「觀」

（深觀、洞察）的起始階段了，而此「觀」的基礎正是「止」（內心的靜止與專注）的修習，因你一開始便藉由召喚觀世音菩薩的名號、形象，以平靜自己的心。然而，若稱名、觀像時不真誠、不謙遜、無信心，就不會產生任何正念或寧靜。

我年輕時聽過北越一位女士的故事。她每天持念阿彌陀佛的名號好幾次，可能總共念一萬聲佛號。念佛，是佛教淨土宗的主要修行方式，對真誠的修行者而言，這種修行能造成很大的轉變，對心靈大有助益。但這位女士的修行對她的生命絲毫沒有影響，她每天搖鈴、擊鼓，且燒很多柱香，卻未帶給她任何深刻的轉變或寧靜。她的修行中有精進、善意，但並無效果，因她念佛已變成機械式而毫無意義，只是她想達到期盼結果的一種手段，而非把念佛本身當作一種深刻的正念修行。

有一天，有個鄰居想測試這位女士，所以在她念佛時來到她家門前，正當她要開始唱誦時，鄰居大聲呼喊她。起初，她置之不理，但鄰居一次次不斷呼叫她的名字，不久她就變得惱怒，於是開始更加使勁地搖鈴、擊鼓，更高聲唱念佛號。她以此方式間接地對鄰居說：「你難道不知道這是我修行的時間嗎？走開！」鄰居理解她的用意，但仍持續叫她的名字，且呼喊得更大聲了。最後，這位女士停止念佛，放下鈴、鼓，走到門口，怒氣沖沖地大吼：「你為什麼要在這種時間來吵我呢？你沒聽到我正在修行嗎？」

鄰居微笑著回答：「咦！我不過叫你的名字五、六十次，你就這麼不高興，你每天叫佛的名號幾千、幾萬次，佛陀一定對你很生氣！」

不論我們培養正念、專注的方法是坐禪、行禪、誦經，以及稱念某位偉大者的名號或觀想其形象，都一定要讓自已能產生平靜、安詳與喜悅，否則無論花多長的時間修行，無論多麼地努力，都不會有多少助益。

以慈愛的正念，化火海成蓮池

《法華經》接著描述觀世音菩薩不可思議的救度能力：

假使興害意，推落大火坑，
念彼觀音力，火坑變成池。

我們要如何理解這段偈頌呢？就算我們被推落於火坑，當知道如何維持正念，如何藉由憶念觀世音菩薩強大的能量來修行時，火焰也會化為清涼的蓮花池。

這段偈頌中的「火」代表憤怒，不僅個人受制於憤怒、恐懼等煩惱，就社區、社會、國家等層次而言，也會發生這些煩惱。有時整個國家都可能被投入火坑，發生在美國紐約與華盛頓特區的九一一攻擊事件，引發憤怒、恐懼、絕望的滔天巨浪，全美都處於落入火坑的險境中。許多美國人看電視聽政治人物發表言論煽風點火，心中急欲復仇雪恨。在此災難事件發生後數星期到數月間，這些美國人無法停止怒火，無法培養正念以深入洞察整個局勢。

然而，並非所有的美國人都陷入這股沖天的憤怒、恐懼與絕望中。當時我跟朋友一起在紐約，我們共同的洞見是，我們無法以憤怒的情緒有效回應對方的憤怒，不該以暴制暴，而是必須以深觀的修行看清情勢，然後慈悲而有智慧地行動。許多人在攻擊事件發生後數日內就與我連絡，他們當時都努力修行，以幫助整個國家保持冷靜，因一個憤怒、暴力的回應就可能引爆戰爭。

我開始斷食，同時邀請歐、美與其他地方的朋友加入，目的是要修習平靜與深觀。我連絡了國會議員、政治人物與其他人士，包括美國駐聯合國大使安德魯．楊（Andrew Young）（他在會談時與我同座），楊大使也認為我們不該出於憤怒而攻擊。在攻擊事件後不久，我在河濱教會（Riverside Church）演說，有超過兩千人來參加，另外有一千多人因空間不夠而無法參與[6]。

有些政治人物公開表示想支持我們這項觀點，但在復仇的政治氛圍中，覺得無能為力；另外還有很多人也與我們觀點一致，卻無足夠的勇氣暢所欲言。我們不缺智慧，也不缺慈悲，但整個大環境卻不利於智慧與慈悲的流露。我們要永遠記得，尤其是在動盪不安或極度高壓的時代，其實我們擁有的朋友比想像中的還多。

佛陀要傳達的訊息很清楚：「一切」暴力都不符合正義。節節高升的憤怒、暴力只會導致更多憤怒與暴力，最終造成全面性的毀滅；只有仁慈與悲心才能化解暴力與仇恨。當發現自己身處困境，即將落入火坑時，若你知道如何修習慈悲的正念，召喚慈悲的化身——觀世音菩薩，那麼你將能停下來，讓自己平靜，並更深入而清晰地審視自己所處的情勢，憤怒和復仇雪恨之心將會消退，然後你會發現更恰當的回應方式。若能理解我們彼此相互依存，理解任何施予他人的暴行終究是對自己的暴行，我們就會修習慈悲的正念，以免對自己、同胞或所謂的「敵方」造成更多的苦難。

火海或苦難、恐懼與憤怒的大坑，是實際存在的。世間有極大的苦難與絕望，而我們心中有著強烈的欲望，想要懲罰那些傷害自己的人。由於恐懼、憤怒而想要報復，卻會讓火坑燃燒得更加熾盛，而這把火有吞噬所有人的危險。藉著修習愛的正念，藉著召喚慈愛的使者觀世音菩薩，我們就能將火海變為清涼的湖水。正如《法華經》告訴我們的，大悲觀世音菩薩有許多面貌，他能示現許多不同的形貌、名號，他是通往慈悲和解之道的「普門」，而透過愛、理解與慈悲的正念，汪洋火海也被轉化為清涼的蓮池。

注釋（譯注：❹）

①……這段經文以及以下幾段引文皆出自Hurvitz, p.316。（《大正藏》冊9，頁57c）關於這些偈頌的另一種版本，參見Thich Nhat Hanh, Plum Village Chanting and Recitation Book（Berkeley, CA: Parallax Press, 2000）, p.291-294。

②……《心經》（全名《般若波羅蜜多心經》（*Prajñaparamita-hridaya-sutra*）），呈現空性與不二的般若波羅蜜多教理之「核心」。此經的寫作形式，是觀世音菩薩對佛陀大弟子舍利弗的說法，亞洲與西方各地的佛寺及修行中心每日皆唱誦此經。參見Thich Nhat Hanh, *The Heart of Understanding*（Berkeley, CA: Parallax Press, 1988）。

③……《首楞嚴三昧經》是一部早期大乘經，經中闡述首楞嚴三昧（shurangama，英勇前進）的精要，這種三昧是為了證成佛道而進行的禪修。

❹……《大正藏》冊9，頁75c。以下偈頌出處皆同。

⑤……我們在第四章第一次提到「三界」這個術語。

⑥……〈擁抱和平〉，二〇〇一年九月二十五日於紐約河濱教會舉行的一場公開演說。

第二十二章

千百億化身……

第二十五品◉觀世音菩薩普門品

菩薩的四種善巧方便

佛教談到菩薩的四種善巧方便，第一是做三種供養，也就是給予物質上的贈禮（財施）、佛法的贈禮（法施），以及不畏懼的贈禮（無畏施）。當你送給人們好東西時，他們會對你產生共鳴，對你友善、坦誠；給人一本佛書，或一張讓人放鬆的好音樂CD，也是修習布施。但菩薩的供養不應只是物質上的事物或佛法，我們能給他人最好、最珍貴的禮物，即是「不畏懼」（abhaya，無畏）這項贈禮。

人們活在對死亡的恐懼中，害怕失去自我、身分，害怕消失而化為烏有。因此，提供人們教法、修行與洞見，幫助他們接觸到自己的究竟向度，因而解脫對存在與不存在的恐懼，這是你能給予人們最好的一份禮物。

菩薩的第二種善巧方便是修習慈言愛語。你可以十分堅定、毫不妥協，但言詞仍能和藹、慈愛。要表達自己的意見，無須大聲咆哮或心懷敵意，慈言愛語可將你的感覺與意見傳達給對方，讓對方能充分聽見並理解你的心聲。

第三種善巧方便是時時採取利益他人的行動。不論在任何情況中，都盡力幫助其他人，這就是菩薩的行動。

第四種善巧方便是修習「同事」（做同樣的事），這和菩薩以適當形貌現身，以接近、幫助他人的能力有關。你的外貌、衣著、行事跟人們類似，你就會變成其中的一分子，如此一來，人們就會信任你、接受你，也因而有機會學習理解與慈愛之道。菩薩就是藉由這四種善巧方便而擁抱眾生，為眾生服務。

認出千百億化身的觀世音菩薩

觀世音菩薩的行動向度是「普門」——隨時隨地出現，且以無數的形貌現身。在許多亞洲佛寺中，都有一尊千手觀世音菩薩像，每隻手臂都持有一件工具或物品，代表這位菩薩能展現慈悲與理解的各種行動領域。他其中一隻手拿著一本書——一本佛經或政治學的書，另一手拿著鈴之類的法器，現代版的千手觀世音像可能會有一隻手提著電腦。

在觀世音菩薩的千手中，也許會有一隻手拿著槍。手持武器有可能善盡做菩薩的職責嗎？這是有可能的。在越南寺院的大門口，你通常會看到兩尊像，左邊是一尊非常和藹的菩薩像，滿臉笑容地歡迎人們，但在右邊的菩薩像則面容凶惡，還高舉著兵器。這尊像的越語字面意義為「面然菩薩」[1]——他的臉在燃燒，雙眼也在燃燒，眼睛、嘴巴正冒出火焰、煙霧，這是這位凶惡的守護菩薩的原型。他具有壓制餓鬼的能力，當我們在法會中以食物、飲水供養餓鬼時，便會召喚他降臨協助，因餓鬼會帶來相當大的噪音與騷亂，所以需要他的威猛以維持秩序；只有他才能降伏狂野的餓鬼，他是菩薩中的警察首長。

然而，這個形貌凶惡的角色，卻是以各種形象現身的觀世音菩薩化身之一。觀世音菩薩化身為如慈母般祥和的菩薩，或化身為凶惡的守護菩薩，甚至化身為餓鬼，以便深入理解他或她要幫助的對象，並更能與對方溝通。觀世音菩薩有些化身看起來可能不符合一般對菩薩的印象，若我們只在親切和善的外表中尋找觀世音菩薩，可能就會與菩薩擦身而過。我們必須深入觀察，才能認出千百億化身的大悲觀世音菩薩——那可能是小孩或成人，可能是男性或女性，可能是藝術家、政治人物、音樂家、法官、園丁、警官、法師、大公司的老闆，或幫派分子。為了要接近他人，幫助其轉變，你必須融入他們的圈子，這樣他們才會理睬你、接受你，然後才能因為你的幫助而轉化自心，這也就是菩薩的第四種善巧方便——「同事」。在幫派裡，你的外貌、行為、談吐可能一如其他任何幫派分子，但其實你是個菩薩；在監獄中，你現身為囚犯，且成為囚犯中的菩薩。這是觀世音菩薩的行動。

就如面然菩薩雖手持武器，卻是大悲觀世音菩薩的化身一樣，若見有人持槍時，我們不能脫口說持槍者是惡魔。社會需要有人擔任守護者，因若無人來落實紀律與治安，就會有人做出傷害、殺害他人的行為。所以，如警員或獄卒之類的持槍者也可能是菩薩，他或她也許很強硬，但內心深處卻是菩薩心腸。我們的工作是幫助獄卒、警員，也幫助囚犯與幫派分子，讓他們都能認出並培養自己的菩薩本性。

成為真正的觀世音菩薩

我有位警官朋友，數年前他參加了正念的訓練，我從他身上得知許多美國警界人員所受的痛苦。警員的工作非常艱困，經常暴露於威脅、暴力之中，還有許多人以負面的方式回應他們，這造成警員的心日益麻木冷酷，覺得被社會孤立，不受尊重、關懷。警員若無善巧方便與足夠的理解、慈悲，心中就會極度憤怒、挫敗與絕望，覺得大家都把他們視為壓迫者，且無人能理解他們的工作有多麼艱困。警方無法與所服務的社區之間溝通，在這種敵對與不信任的氣氛中，警界中便有些人濫用職權，壓迫民眾。

因此，你可以現身為警員，並扮演菩薩的角色，以便有更好的溝通，產生更深的理解與更多的慈悲。一個警察菩薩也許能協助舉辦社區大會，邀請人們來聽一聽警員生活的甘苦談。當警員早上出門工作時，家人無法確定他們是否能夠安然地回家；他們的工作是保護其他人、維持治安，但他們知道自己也可能遭到暴力。所以，警員的工作充滿了恐懼與不確定，而在恐懼與憤怒中，你無法做好份內的工作。我們應理解警員、獄卒與其他擔當類似職位者所受的極大痛苦，許多從事這些職業的人不喜歡自己的工作，但仍然繼續工作，觀世音菩薩必須現身其中，努力打開他們的心門。

一個警察菩薩可努力重建警方與社區人士之間的溝通管道，讓彼此能夠在理解與慈悲中相互對談、傾聽，溝通是有可能實現的。警官可幫助其他官員，而其他官員也可協助警官，雙方共同合作，不論情勢有多困難，總有解決之道。佛法所指出的解決辦法即是深入傾聽，以悲心傾聽，且使用菩薩的四種善巧方便之一——慈言愛語。一旦恢復溝通，我們就有希望，苦難也將會減輕。

觀世音菩薩讓我們看到，就算你必須強硬，得拿起武器或行使職權，你同時可以滿懷慈悲，做個面惡心善、能深入理解的面然菩薩，如此你就能以那種形貌做為一位菩薩。但要做任何一種菩薩，不論是如慈母般和善的菩薩，或面目猙獰的守護菩薩，你都必須成為真正的菩薩，不能外表看似菩薩，卻封閉內心，只是扮演這個角色而已。你必須有真正的理解與慈悲，才配稱為「菩薩」。

仔細觀察千手觀世音像，你會發現菩薩每隻手掌中都有一隻眼睛，這眼睛象徵理解與智慧的存在。我們既需要慈悲，也需要智慧，以便在佛道上前進，理解與智慧有助於愛、仁慈與悲心的產生。觀世音菩薩有這麼多隻手，因為愛的表達需要透過眾多不同的方式，運用許多不同的工具。這就是為何每隻手都拿著一種工具，而手掌中都有智慧之眼的緣故。

有時我們或許認為自己的行動是出於愛，但若非基於深刻的理解，那行動必定會帶來痛苦。你想讓某人快樂，也深信自己是出於愛而正採取某種行動，但你的所作所為可能讓對方痛苦不堪。所以，你雖相信自己由於愛而行動，卻因不夠理解對方，而造成子女、伴侶、朋友或同事深受痛苦。因此，要有效發揮慈悲的功用，你需要理解之眼與智慧之眼。

若不理解某人的痛苦、困難與內心深處的願望，你不可能愛這個人，所以跟對方確認，尋求幫助，這是非常重要的。父親應問孩子：「我對你的瞭解足夠嗎？我是否由於缺乏瞭解而造成你的痛苦？」母親應問孩子：「你認為我瞭解你嗎？請告訴我，這樣我才能正確地愛你。」這就是愛的語言。若你真心誠意，兒女便會告訴你他們的痛苦；理解他們的痛苦，你就不會再做出那些原以為能帶來幸福快樂，卻反造成他們痛苦的事。深入理解是構成真愛的本質，觀世音菩薩的手象徵行動，但我們的行動必須由理解的雙眼好好引導才行。

有些人擔任具有好幾雙手臂的菩薩——照顧家庭，同時也投入保護環境、幫助其他世人的工作。每個人都能出現在世界各地，你可以身在此處，而透過慈悲的行動同時出現在監獄中，或出現在兒童飽受營養不良之苦的某個遙遠國家。你本人不用親自到這些地方，因你有很多應化身可到處服務。

我撰寫一本書，就讓自己化身千百億——書中的各種觀念與文字——到每個地方去，每本書都是我的化身之一。我能用一本書的形式走進修道院，或以錄音帶的形式進入監獄。我們每個人都有許多化身，因此學會辨認自己的化身是非常重要的。做為菩薩並不抽象，而是我們能做到的具體修行；就如觀世音菩薩，我們以許多化身、形貌出現，儘可能地幫助眾人。

你得非常清醒，才能認出以種種形象出現的觀世音菩薩；他現在可能就在你身邊，在伸手可及之處。慈悲與理解的確存在，我們有可能培養兩者的能量，讓觀世音菩薩在日常生活中時時與我們同在，我們就能受到理解與慈悲的妥善保護。

注釋

①……這位菩薩在越語中稱為Ong Ac，而現慈悲相的是Ong Thien。

第二十三章

愛的正念……

第二十五品◉觀世音菩薩普門品

《法華經》第二十五品的偈頌，繼續描述「普門」如何能救度我們脫離種種險境。在每種情況中，獲救的關鍵都是正念——愛的正念，以及對於愛與慈悲化身的觀世音菩薩的正念。

經中告訴我們：「念彼觀音力」[①]（藉由念念憶持觀世音），我們將解脫一切危險與苦難。正念是關鍵，讓我們能明辨且採取有智慧的行動，能恰當地反應，知道在危險的情況中，什麼該做或不該做，才能導致最好的結果。

理解與愛相互依存

深觀和修習愛的正念有助於保持頭腦清醒，使心中有愛；這份清醒與慈愛對我們是一種保護，而能免於各種危險。我們常以為危險來自外界，其實危險多半來自於自己的內在，若無清楚的見解，恐懼與誤解就可能製造許多險境。貪、瞋與痴等「三毒」是根本煩惱，而修習愛的正念能治療、轉化這三種煩惱。愛的正念有助於立即平息痛苦，引導我們遠離毒火。

我們知道慈悲必須由理解與智慧引導，若無理解，就不可能有深刻的慈悲，因此，修習慈悲始於修習深觀。當修習正念時，對整個情況就有更深入的理解，而從深入的理解自然會流露慈悲；智慧將帶來慈——愛、和善與悲心。

若與人發生衝突，你首先該做的事，是努力地深入理解對方；一旦深入觀察，你就會洞悉他的痛苦，而不想再傷害、懲罰他，或讓他受苦；你將如實地接受他，並試圖伸出援手——這就是如何由理解產生愛的過程。同時愛也有助於我們深入理解，當你對某人有了理解與愛，便更能理解他；若對他毫無同理心，就無法接受他，那麼就不可能有理解的機會。在智慧之道上，關愛幫助我們前進，增強理解的力量。理解與愛相互依存，愛由理解構成，理解也由愛構成。

愛的正念在許多方面都能幫助我們。假設你在開車，知道孩子正在家裡等你，若修習愛的正念，想到孩子等你平安回家，你將會更專注、更小心謹慎地駕駛。或許你正想喝杯酒，若修習愛的正念，你會想到孩子，也知道自己再過幾分鐘就得開車，即使這時很想來一杯——因這會讓人感到舒暢，但修習愛的正念有助於讓你選擇不在此時喝酒。把孩子或摯愛者的照片放在車子的儀表板上，這是個很好的作法，如此一來，你在開車時就會記得要修習愛的正念，因而更小心地駕駛。

你可以在皮夾中隨身帶著摯愛者的照片，或將之放在經常可看到的地方，這可以是佛、菩薩像或兒女、配偶的照片，甚至是寵物的照片。你所愛的任何眾生都能激起內心更高度的正念，讓你照顧好自己；照顧好自己，你就能妥善地照顧自己的摯愛了。這是一種愛的正念修行，你無須成為非常虔誠的宗教人士，也不用從事許多虔誠的修行，只要在自己心中喚起摯愛就可以了。

稱念觀世音菩薩的名號，是喚醒內心慈悲能量的一種方法。若有人或某個東西能帶給你清新、喜悅與慈愛時，其影像便可作為正念的對象，且不僅是人，就連某個地方也能體現慈悲與理解。假設你到梅村去，享受那裡的環境與教團的生活，即使離開了，每當你想起梅村，總會多少憶起那地方的清新與喜悅。所以，憶念一種慈悲示現的形貌、景象或聲音，即有助於減少痛苦。每次你想起她，或心中憶念他，或在心裡看到那美麗的地方，心中便會立即產生慈悲與理解的要素。愛的正念是一種修行，能召喚我們內在慈悲與理解的甘露，協助我們避開一切險惡。

當你深陷欲望，慈悲的正念能幫助你脫離欲望的糾葛。漢譯《法華經》清楚地將「欲望」譯為「色欲」（婬欲），但此詞其實適用於各種欲望，例如對名利、權力等的欲求，當追逐金錢、名聲、權力，任由貪欲之火在內心熊熊燃燒時，你苦不堪言，若不知如何修行，不當的色欲之火也會吞噬你，讓你受苦。

愛與慈悲的正念如何幫助你減少痛苦呢？

在你開始與某人有性關係之前，你要修習正念，深入洞察對方和自己的情況：這行為是否會毀滅你們的生活？是否會為你們所愛的人、家人造成許多痛苦？覺知與正念帶來理解與智慧，智慧能導引出愛與明智的行為，理解則能幫助你避免採取會導致痛苦的行動。慈悲的正念就是如此保護你不被欲火所燒。

一個好老師知道自己若與學生發生畸戀，不但會違犯「正念五學處」的第三條（譯按：避免不當的性行為），且會毀了學生、整個教團，以及他們慈悲的理想。身為老師，你知道教團的快樂與福祉取決於自己的行為，而你也不想讓整個團體受苦，這是很自然的。因此，當我們將「正念五學處」的第三條視為一種愛的修行，這條規定就很容易持守。菩薩六波羅蜜之一的持戒圓滿，並非透過努力掙扎，而是透過自己內在的慈悲力完成的。覺知、正念與慈悲使修習「正念學處」變得輕而易舉，只要心中有愛，什麼也不必做，你就能圓滿地修習「正念五學處」，非常容易，絲毫無須掙扎。

以慈悲與愛，擁抱一切

每當你心中產生慈悲的正念力，就解脫了貪欲，那就如發生了一個奇蹟，而非做苦工。修習愛──修習愛的正念──是非常奇妙的，它其實就是「普門」，因慈悲讓我們得以用最佳的方式與其他人、眾生相連，這就是為何這個修行目的是要讓慈悲甘露源源不絕的原因。若無慈悲，我們將完全枯槁，全然孤立無依。無慈悲的人是世界上最苦的人，因他們很寂寞，且行為殘忍。這種心中無愛、無慈悲的人相當痛苦，需要我們的幫助，而非懲罰或報復。

許多越南人經歷過戰爭的痛苦，我們都知道戰爭中有許多殘酷的事，例如在越戰期間，美國間諜凌虐越南游擊隊員以獲取情報。美國中央情報局（CIA）的功能就是蒐集情報，是中央「聰明」[②]局，但他們這種作法真的聰明嗎？聰明與智慧、理解有關。若無理解，就無法有慈悲；若真正聰明，就會知道造成他人的痛苦，只會為自己帶來更大的危險與苦難，因為對他人所做的每件暴行，其實正是對自己施暴。不理解這項基本真理，你的苦難將會有增無減。

當你被人凌虐後，很難不對加害者產生憤怒，有些美國越戰老兵也因曾殺人或使人殘廢深感痛苦。我們要如何幫助受害者與施暴者呢？那就是以慈悲的正念、愛的正念來幫助他們。我們可用慈愛的眼光看著令我們受苦的人：「眼前這個人對我和其他人做了殘忍的事，雖已失去人性，但他自己也是暴力與殘酷的受害者。我要修行，讓自己能以慈愛之眼看待他，幫助他觸及自己的人性。」

若無慈悲與愛，你會對傷害自己的人憤恨不已。世上有很多人是如此殘忍地做了許多駭人的事，簡直令人不敢相信他們是「人」，像這樣的人在南美、北美、非洲、歐洲、中東、亞洲到處都有。你可能以為，若手裡有槍就會當場射殺這種人，但你會射殺一尊佛嗎？我們從《法華經》得知「每一個人」都有成佛的種子，也知道以怨報怨、以復仇回報暴行，無法終結仇恨與暴力。愛，是唯一能保護我們與他人免於傷害的力量。

你在修習慈悲的正念時，首先注意到的是自己不再受苦，當你內在有了足夠的慈悲與愛的能量，心會變得寬廣，便能擁抱一切事物與所有的人，甚至是你所謂的「敵人」。當你能深觀「敵人」，看清他其實是觀念、概念與錯誤資訊的受害者，是其生活、文化、社會的受害者，這時你就有能力保持平靜，心胸開闊，也更有機會幫他接觸自己的人性——他與生俱來的佛性，並轉化他內在的仇恨與暴力種子。

觀世音菩薩的修行讓我們深入傾聽、觀察，以便能理解；能理解後，我們心中自然生起慈悲，也知道如何伸出援手。

注釋（譯注：❷）

①……Hurvitz, p.316-318。（《大正藏》冊9，頁57c）

❷……中央情報局，原作Central Intelligence Agency。其中intelligence除了表示「情報」，也有「聰明」之意。

第二十四章

無畏……

——第二十五品◉觀世音菩薩普門品——

或許你小時候玩過一種簡單而奇妙的玩具——萬花筒，它能創造出各種顏色、形狀組合成的美麗圖案；輕輕搖一搖，原來的圖案不見了，但會出現另一種五顏六色形狀組成的圖案。萬花筒顯現的每個圖案都很美麗、奇妙，且永遠都在改變。當一種圖案被另一個取代時，小孩不會因此感到難過，只是單純地欣賞每次顯現的圖案，因每個圖案都是在筒裡的色紙碎片的基礎上產生。

觸及究竟向度而無所畏懼

一切顯現基礎的究竟向度一直都存在。在行動向度中，菩薩扮演的角色是幫助我們接觸到自己的究竟向度，而給予「無畏」這份贈禮。不同的顏色、形狀，以及各式各樣的形象與顯現，都只是各種表象而已，當能觸及自己與萬物的究竟向度，你就不再感到畏懼，不會因執著於某個特殊的顯現或生死、有無等觀念，而受到影響。因了知這個身體、形體都不過是一種顯現，你已準備好以另一個形體再度顯現，而未來的形體與現在的這個同樣美好。

做為天上的一朵浮雲是美妙的，但做為落在土裡、流入河川的雨滴也很美妙，山頂上的白雪、小孩喝的水也同樣美妙。水能顯現為許多不同的形態，每種形態都很美妙，每種顯現都是必須的。菩薩不落於某種顯象或軀體，所以能輕而易舉地捨棄自己的身體，就如藥王菩薩為了向許多眾生說法，而捨身燃燒千年。

就因果的角度而言，每次的顯現都跟下一次的顯現相連結。若雲受到污染，落下的雨也是經過污染的，因此，自我淨化的修行非常重要。當你是一朵雲時，要盡全力淨化自己，如此一來，下一次的顯現才會美好；當化為雨水落到土裡時，你會是非常純淨美味的水。透過自我淨化轉變自己，我們就有助於世界的淨化。

我們知道自己會招來禍患，是因為以迷惑的眼光看待實相；我們本身有貪、瞋、痴等障礙，因而看不見究竟的向度。所以，為了讓自己能接觸究竟的向度，我們必須自我淨化，學習深觀以去除貪、瞋、痴。能觸及究竟的向度，我們就無所畏懼，而能以理解與慈悲轉變任何險境與苦難。

我在越南認識一位比丘尼和比丘，他們是我以前的學生，因為從事人權工作而遭到逮捕，那位比丘被控犯下叛國罪，被處以死刑。幸而有國際間的施壓，越南政府免除其死罪，但仍繼續軟禁他。這位溫和的比丘本身有無畏的力量，他相信越南人民有基本人權，也隨時準備為此信念而犧牲自己。他具有究竟向度的智慧。

那位比丘尼也入獄一段時間，她在狹小的囚室中持續行禪與坐禪。由於修行不輟，她一直保持放鬆、平靜、快樂，憤怒與絕望無法在心中紮根，因而能幫助其他囚犯，他們之中很多人對獄卒有很深的敵意。那些獄卒對她很和善，並非因她是比丘尼，而是因她體現了慈悲的正念。她並未讓自己成為憤怒與貪欲的受害者，所以能善用在獄中的時間。那段時間變成一種閉關，她什麼事都不用做，只要好好地享受修行。監獄對她而言並非火坑，透過修習正念、慈悲與理解，她將牢獄轉變為清涼的蓮池。

若發現自己處於類似的情況中，同時知道如何修習「普門」——慈悲的正念，我們將不會受苦，甚至能協助在同樣情況中的其他人，不僅是獄友，還包括「敵方」的監獄行政人員、獄卒等。

以理解與慈悲現身十方

《法華經》第二十五品的偈頌，描述觀世音菩薩的理解與慈悲如何造成轉化與療癒：

眾生被困厄，無量苦逼身；
觀音妙智力，能救世間苦。①

世上有這麼多的苦難，觀世音菩薩仔細觀照世間種種音聲，透過所獲得的理解與知識，不只以一種方式幫助眾生，而是運用許多不同的方法減輕苦難，將眾生帶到解脫的彼岸。

具足神通力，廣修智方便，
十方諸國土，無剎不現身。②

觀世音菩薩的智慧與運用善巧方便的能力廣大無邊，透過廣大的智慧，他發明各種善巧方便，以因應許多不同的需要，而給予各種形式的協助。他以無數的化身顯現在許多地方，現身於許多國家，甚至處處現身。我們也能透過自己的應化身同時出現在許多地方，你可以人在教團中修行，同時透過朋友、學生或曾書寫、創作、提出的某個事物，而出現在其他地方展開行動。你的雙手能延伸到遙遠的國度。

五種觀與三種聲音

真觀，清淨觀，廣大智慧觀，
悲觀及慈觀。

這段偈頌敘述觀世音菩薩的五種觀。第一種是對事物真實本質（satya，諦）的觀照（真觀），當人的心平靜而神志清楚時，即有能力辨識究竟的向度；緊接著是對「清淨離垢」（visuddhi vimala）的觀照（清淨觀），我們需要淨化自我，就如天上的浮雲必須為了世界而成為純淨的雨水；第三種是對「廣大智慧」（mahaprajña）的觀照（廣大智慧觀），這不僅是知識，而是真實智慧的證悟，是力足以帶你到達安全、無畏、解脫彼岸的廣大智慧——摩訶般若波羅蜜多（mahaprajña-paramita）；第四種是對「悲」（karuna）的觀照（悲觀）；第五種是對「慈」（maitri）的觀照（慈觀）。

我們也應如觀世音菩薩般尊重這五種特質，並正念於這五種特質。

悲體戒雷震，慈意妙大雲，
澍甘露法雨，滅除煩惱焰。

這段偈頌十分優美。修習「正念學處」幫助我們在心中建立慈愛與善意的要素，這種修行就如雷一般，而慈悲的要素就像廣大奇妙的雷雨雲。這些特質都不是軟綿綿的東西，而是非常強而有力的。「雷」、「雲」這兩個意象合在一起而產生雨——「法雨」，佛法的慈雨就如甘露般降落人間，澆熄所有的煩惱火焰。

妙音觀世音，梵音海潮音，
勝彼世間音，是故須常念。

這段偈頌談到觀世音菩薩的幾種聲音，包括修習深觀世間的觀世音菩薩所出的「妙音」。我們每個人都是佛陀之友，從事相同的修行——深觀世間以增進理解，能深入洞悉存在的一切，這便是禪修的意義。以觀察世間種種聲音的方式深觀，我們終將理解世間、自己，解脫貪、瞋與痴等煩惱。

接著還有「神聖尊貴」（brahma）之音（梵音），觀世音菩薩發出清晰而神聖尊貴的奇妙之音。世間有些聲音低沉、厚重，帶著貪欲或絕望，但身為自我淨化之道上的修行者，你每天發出的聲音會愈來愈細緻、清晰、純淨，身體的每個細胞、內在的每個心結都在淨化與轉變的過程中。

接下來是「海潮音」。佛陀的教法猶如漲潮時那強而有力的海潮音；海潮聲相當強大，漲潮時的海浪聲能覆蓋其他低沉厚重的聲音，只留下清晰、高亢、神聖尊貴的法音。

觀世音菩薩所發出的，超越一切世間之聲，就是讓我們看見究竟實相領域的法界之聲，它勝過所有屬於知覺與形色世界的世間之聲，那是歷史向度的聲音。當我們能改變自己調準成這種種不同的聲音時，它們就有轉化與療癒的能力。

這幾段偈頌讓我們看到，該如何正念於觀世音而修行，才能接觸到作為他本質的五種觀與幾種不同的聲音，因觀世音菩薩並非神，只是一個具有真正修行與特質的人的名號。這些偈頌鼓勵我們正念於觀世音而努力修行，才能觸及這些德行，並培養自己這幾種德行。

用愛與慈悲看待一切眾生

念念勿生疑，觀世音淨聖，
於苦惱死厄，能為作依怙。

只要對觀世音菩薩有極大的信心與信仰，每一剎那都安住於正念之中，深信慈悲與理解之力，那麼每一剎那都會是以慈悲與理解為對象的正念。慈悲的象徵變成正念、憶持的對象，即使身處險境，遇到「苦、惱、死」等困厄情況，你都能保持這種覺知與憶念。

觀世音菩薩是聖人，但神聖的特質並非只存在於某些人身上，只要有正念、專注、洞見之處，就有神聖的要素。所以，當以觀世音菩薩的特質作為正念的對象時，我們內在也會生起神聖的要素。有了觀世音菩薩作為庇護所，我們就到達「無畏」的彼岸，不再害怕危險或苦難，不再畏懼死亡。

具一切功德，慈眼視眾生，
福聚海無量，是故應頂禮。③

這段偈頌總結這一品。大悲觀世音菩薩具備一切功德，這是他歷經無量宿世示現理解與慈悲所累積的功德。他能用愛與慈悲看待一切眾生，我認為這是整部經最美的一句話——觀世音菩薩「慈眼視眾生」。你也擁有愛與慈悲的雙眼，佛眼已留傳給你，問題是你要不要選擇運用佛眼來深觀。

若深入地觀察，仔細地傾聽，你會理解他人的痛苦，而能接受他或她，那麼你的愛與慈悲自然會充分流露。這是最美的修行，是達到轉化與療癒最有力的方法。這段偈頌中所說的「福」不能秤斤論兩，或以度量衡來描述，但它就如廣闊無垠的汪洋。幸福快樂只由慈悲組成，若心中無慈悲，就不可能幸福快樂。若培養對他人的慈悲心，你就為自己、全世界創造幸福。因觀世音菩薩體現這種修行，所以經中說，我們要對菩薩問訊並頂禮，以表示對他的尊敬。這種禮節是古印度的慣例，以此姿勢表達對師長的深深敬意。

「愛」可用許多形式表現，我們必須運用自己的理解與聰明才智，以便認出慈悲與愛的眾多不同形式。在《華嚴經》中有「主」、「伴」之門的觀念，也就是有主要人物與次要人物，例如在靈鷲山宣說《法華經》這段期間，釋迦牟尼是主角（主），扮演的是佛陀的角色，觀世音菩薩則扮演菩薩弟子的次要角色（伴）。

我們知道觀世音菩薩已經成佛，是一位圓滿覺悟的眾生。但現在若有老師，必然有學生；若有學生，則必定有老師，所以佛陀和菩薩輪流示現為老師與學生。過一段時間之後，你會成為老師，而我將作為你的學生，這是一個生生不息的教團運作的方式。請想想天上排列成行的白雁，若領頭的大雁飛累了，牠會減速讓另一隻雁飛在前頭領航。有時你扮演要角當領導者，有時則扮演隨從，但在每個角色中你都同樣快樂，絲毫不起分別，樂於做老師，也樂於做學生。在《法華經》中，觀世音菩薩善盡學生的角色，若深入觀察他的個性、行動和智慧，我們就知道他的慈悲與理解無人能及。

注釋 （譯注：❸）

①……Hurvitz, p.318。（《大正藏》冊9，頁58a。以下經文出處皆同）

②……「剎土」（kshetra）意指土地、地區、國家。

❸……《大正藏》冊9，頁58b。

第二十五章

持地菩薩與地藏菩薩

……——第二十五品◉觀世音菩薩普門品——

學習持地菩薩，保護地球

《法華經》第二十五品最後提到一位在家的「持地」（Dharanimdhara）菩薩，此名意指「護持、保護地球」，我們可稱他為「地球的保護者」或「持地菩薩」。這位菩薩幫助人類與其他生物之間更進一步的溝通，他是某種工程師，其任務是創造有益健康的空間讓我們居住，建造橋樑讓我們彼此連結，並鋪設道路讓我們能到摯愛者的身邊。

據說佛陀想到兜率天[①]探望母親摩耶夫人時，是持地菩薩造路，讓佛陀經由此路上升兜率天。《法華經》中雖只是略微提到這位菩薩，我們在此卻為他專闢一章，因這時代迫切需要這樣的人。

持地菩薩維護空氣、水、土壤，藉此努力為眾生保護我們所在的這個星球，凡是努力保護環境，以保持地球健康生態系統的人，都是這位菩薩的伙伴。我們都必須成為他的左右手，為後代保護、保育地球。

地球目前的處境非常令人擔憂，森林、土地、水、大氣以極危險的速度持續遭到破壞，多數國家的政府都只著眼於經濟發展，而以「發展」之名讓境內領土中的自然環境遭受不當的利用、污染與破壞。許多地球上的生物都已被毀滅，且每天還有更多物種相繼滅絕，猶如地球肺臟的雨林也正受到大幅的破壞，還有大氣層中保護地球的臭氧層破損也日益擴大。聯合國提出警告，說明地球環境目前正處於極端危險的狀態。

我們必須採取持地菩薩的修行，將地球的保護與保育列為第一優先。我們要讓世界各國的總統、首相或國家元首察覺地球現在所處的險境。要努力提高對整個情勢的覺察，因為只有正念——對當前情勢發展的覺察，才能拯救我們脫離現在世人所行的災難之道。

我們不能說因為自己太忙，而無法從事這項工作。政治領袖總是忙得不可開交，老是把注意力集中在經濟發展或鞏固政權等事務上，若政府只關切自己區域或國家的利益，就無能力解決環境的問題。地球的處境影響所有國家與民族，因此每個人都必須努力投入環境的保護，我們得幫助自己所在的社會與領袖看清這一點。

在一九六〇、七〇年代，我們從事和平與環境運動的佛教教團和朋友們，努力增進世人對地球情勢的覺察。一九六九年，我們在和平組織「國際友好協會」（the International Fellowship of Reconciliation）的贊助下，成立了一個名為「大同」的組織。我們談到了環境的惡化、自然資源的耗竭、人口過剩、饑荒與戰爭，以及解決這些迫切問題的可行之道。我們扮演的角色並非將國家利益視為至高無上的政府，而是以「世界大同」的精神代表地球上所有的人。當時對於環境議題還未有多少公眾討論或公眾意識，我們不斷舉辦禪修、佛法討論與會議，目的就是要引起更多人對此問題的覺察。在來自世界各地的科學家與環保人士的通力合作之下，每個志同道合的人都漸漸讓地球的情勢更廣為人知。

現在對環境的關切與議題遠比過去受到更廣泛的討論，一般人也有更高的環境意識，但地球上的土地、空氣和水卻持續遭到破壞，這就是為何這時代迫切需要持地菩薩的原因。每個人必須覺察自己內在有這位菩薩的存在，如此才能成為持地菩薩的左右手，快速行動，保護地球。

若對於當前發生的一切真正有所覺察，那麼就有可能為了地球的福祉立即採取措施，以改變現況。各國國家元首必須提高覺察力，必須直接面對地球真正的處境，我們也要讓全球所有對峙的黨派明白，他們必須儘快解決彼此的衝突，好讓各國能通力合作，採取必要的行動以拯救地球。

在我心目中有一幅景象：在一個狹小的籠子裡有幾隻雞為了一點食物相互爭鬥，渾然不覺再過幾個小時自己就要遭到屠宰。許多人只關切自己社區或國家的繁榮與經濟發展，以致未瞭解到全球局勢的嚴重性。若對地球現況有所覺察，國際諸多爭端將會停止，我們也將轉而投入更重要的工作，即治癒所有人共同的家鄉——地球。

學習地藏菩薩，誓度地獄眾生

《法華經》還提到另一位菩薩——地藏菩薩（Kshitigarbha）。「地藏」意指「大地的子宮或寶庫」。我們的大地非常堅固，且貯藏許多種寶物，所以這位菩薩的名字描述了他的特質——堅固、持久，且富藏種種美德。地藏菩薩代表的行動領域是現今極為需要的，他曾立誓：只要地獄不空，就永不休息，也就是不會進入涅槃享受成佛的境界，不會停止引導一切眾生成佛的工作。地藏菩薩是誓願走入宇宙最黑暗處的人，目的是要解救處境最險惡、遭受最大苦難的眾生；他發誓走入無自由、民主、慈悲或人性尊嚴之地，這些地方到處是壓迫、不公義、社會不均與戰爭。地獄，是地藏菩薩想進入的境地，因那裡最需要他的幫助。

許多人選擇到世界各地遭受極大苦難的地方，幫助受壓迫而無法過像樣日子的人，現今就有很多年輕人想離開自己生長的物質主義文化，前往苦難之地做義工，他們可幫忙建學校、挖井、教學、提供醫療等工作，藉此表達愛、慈悲與理解。這種行動很好，然而要以這種方式提供援助，我們無須到其他地方，不用老遠跑到國外去。地獄就存在於我們所處的社會中，若想成為地藏菩薩的左右手，必須有能力辨認普遍存在於自己內在與周遭的地獄之苦。

我們可輕易地發現身處地獄而需要幫助與地藏菩薩行動的眾生，我們身邊時時都有許多餓鬼在徘徊；每次舉辦法會供養這些餓鬼飲食時，我們都會召喚地藏菩薩，請菩薩將餓鬼帶來，然後供養他們食物與飲水，同時讓他們有機會聽法，以轉變自己的苦難，而能往生佛陀的淨土，我們也時時讓地藏菩薩憶起自己的偉大誓願。

一個人若未在家庭、社會、傳統中紮穩根基，就會成為餓鬼，不知何去何從，也不相信任何人、任何事。遇到這種人，從他們走路的樣子、外貌和行為舉止，就能立刻辨認出來。他們因根被切斷而內心痛苦，在家庭裡無根，所以實際上是無家可歸的。也許他們是看到父母的相處方式而不想結婚生子，成立自己的家庭；或不相信有正常、相愛的關係，所以排斥家庭，不與人產生親密關係，並因而深受痛苦。

其他餓鬼是在自己的社區、社會或文化、宗教傳統中無根，他們離開自己的教會、會堂或寺院，不接受任何教義，且排斥信仰與宗教，因這些東西與每天生活的實際經歷無關，所以覺得它們與自己無關。因此，他們完全疏離、斷絕一切能提供支持與穩定性的事物。

社會中每天都有成千上萬的餓鬼產生，消費文化強調個人主義與物質主義更勝於服務與社群，而我們的宗教、社會機構又常常與人們真正的痛苦失聯，因而對人們痛苦的減輕並無多少幫助，有時這些機構甚至變得非常腐敗，以致最後為社會製造更多的苦難。結果，我們身邊到處都有愈來愈多的餓鬼。

要幫助一個餓鬼，你得要很有耐心才行，因他們心中恐懼與不信任的慣性很強，當要提供一些東西滿足其需求時，他們不會信任，且很難接受幫助。他們迫切渴望理解與關愛，但又不相信有任何人能真正地理解或愛他們。雖然這些人也可能談到愛，事實上並非真正理解或懂得愛，且內心多疑。幫助餓鬼唯一的方法是長時間地陪伴他，透過你說話與為人處世的方式，以及長時間與其相處的模式，就能逐漸贏得其信任，然後他們便會開始傾聽你說的話，接受幫助與理解而開始轉化自己。

餓鬼需要花很長一段時間，才能開始在家庭或社會生根。要產生餓鬼太容易了，且發生的速度很快，然而要治癒一個餓鬼，幫助他或她在人類社群中生根卻相當困難，且費時甚久。有些人痛苦得無法忍受，因此藉嗑藥、酗酒、性交等行為試圖遺忘痛苦，這些行為卻讓痛苦有增無減。我們可能自覺無法幫助這種人，地獄在眼前，餓鬼也在眼前，自己卻愛莫能助。若我們未照顧好自己，本身也會有變成餓鬼的危險。因此，我們需要召喚地藏菩薩的力量來幫助。

央掘魔羅的轉化

你得要有極大的耐心與勇氣才能成為地藏菩薩之友，才能成為他的左右手，在這世界從事他的工作。做為地藏菩薩的追隨者，你將會遇到許多像佛世時的殺人魔王央掘魔羅（Angulimala）那樣的人。

「央掘魔羅」意指「手指做成的項環」，因他脖子上掛著一串項鍊，那是用遭他殺害者的手指頭所串成的。由此你可看出他的憤怒和仇恨有多深，他是個餓鬼，以為沒有人愛他，以為人類天性都是殘酷、不誠實、不忠，於是他變成了小偷和殺人犯。

有一天，佛陀前往舍衛城（Shravasti）托缽，他發現所有人家莫不緊閉門窗，每個人都很害怕，因央掘魔羅正來到這裡。有個人請佛陀到他家中用餐，別在外走動，因外面實在太危險了。但佛陀說：「以行禪拜訪許多人家，與眾人相見，這是我的修行方式，我不能只停留在一個人的家裡。」說完，佛陀繼續沿門托缽。

在回僧院的途中，當佛陀步行穿過森林時，突然聽到有人在身後追趕的聲音，有個聲音大喊：「比丘！喂，那個比丘！給我站住！」佛陀知道那是央掘魔羅，但他只是安詳而穩定地繼續行禪，並未感到害怕，因他內心充滿平靜與慈悲。不久，央掘魔羅趕上佛陀，並在他身邊停下腳步，對他說：「比丘！我叫你站住。你為何不停下來？」佛陀繼續在正念中前進，同時靜靜地說：「央掘魔羅！我很久以前就已停下來了，還沒停下來的人是你。」

聽到這話，央掘魔羅相當驚訝，從未有人這樣對他說話，每個人見到他都怕得發抖。他跑到佛陀面前逼他停下來，然後說：「你說這話是什麼意思？我叫你站住，你還一直走，根本沒停下來，卻說自己已經停止。你給我好好解釋一下。」

佛陀看著央掘魔羅，非常平靜地說：「央掘魔羅！我很久以前就停止，不再做殘酷傷人的事了，我不想製造痛苦與絕望，因此我學習了慈悲與理解之道。沒有任何眾生想要痛苦、死亡，每個人都想活，都要快樂。我們應覺察這一點，應努力讓自己有慈悲心，尊重生命，對其他眾生仁慈；我們應愛護其他眾生，不該仇視、殘殺他們。」

央掘魔羅大吼：「人都很殘忍，沒有任何人愛我，也沒人瞭解我，我為何要對人慈悲？」

佛陀回答：「央掘魔羅！我同意有人很殘忍，他們讓你受苦；但我不同意所有的人都像那樣，還是有許多人十分慈悲、和善。你是否有遇見過我教團中的比丘、比丘尼？他們很多人在城裡，修習仁愛與慈悲，甚至連一隻小蟲都不願傷害。你知道，當我們內心有慈悲時，就會減輕許多痛苦。」

央掘魔羅非常驚訝，也很好奇，他心想：「這個比丘知道我是央掘魔羅，卻不怕我，也許他就是我曾聽人說過的喬達摩。」於是，他問佛陀：「你是成佛的喬達摩嗎？」

「是的。」

「佛陀！已經太遲了，我來不及照你所說的去做了。」

佛陀說：「若要行善，絕不嫌遲。」

央掘魔羅問：「我能做什麼善事呢？」

佛陀回答：「停止做壞事，停止為自己與他人製造痛苦，這就是你能做的最大一件善事。」

「對我而言已太遲了，我罪貫滿盈，就算現在想停止，人們也不會饒過我。」

「央掘魔羅！若你真的想回頭，遠離暴力，遵循慈悲與仁愛之道，我答應幫助你。」

央掘魔羅對佛陀的和善與無畏感動不已，他當下丟棄刀劍，跪下請求佛陀收他為弟子。此時，舍利弗和其他幾位比丘也來到這裡，他們因知道央掘魔羅在附近出沒，所以出來找尋佛陀。他們發現佛陀竟安然無恙地與這惡名昭彰的罪犯在一起，且這惡人也已皈依了，因此非常高興。

佛陀指示舍利弗當場為央掘魔羅剃除鬚髮、穿上僧袍，並帶他回精舍，開始訓練他如何修行。他要舍利弗把央掘魔羅留在精舍內幾個星期，無須像其他比丘一樣每天得進城托缽。於是央掘魔羅所有時間都在專心修習正念，沒多久便成為極有成就的比丘。他的轉變非常快速，因為他全心全意地想徹底轉變自己的生命。

大約過了一個月，佛陀允許央掘魔羅隨他一起進城托缽。走到半途，佛陀看見波斯匿王（Prasenajit）正在對一群士兵講話。他向國王打招呼，然後詢問：「陛下！您正在整軍備戰嗎？前線出了什麼問題嗎？」

國王回答：「沒有，世尊！前線沒有戰爭。」

「那為何您要召集軍隊呢？」佛陀如此問道。

「因我聽說央掘魔羅在城裡，他是個極端危險的人物，有一次我派了五十名士兵到森林裡追捕他，結果他殺了大部分士兵。所以我現在親自坐鎮，率軍逮捕這個危險的殺手。」

當佛陀與國王說話時，央掘魔羅就站在佛陀的正後方，他們的對話他都聽得一清二楚。佛陀接著問波斯匿王：「若央掘魔羅想為他所犯的一切過錯懺悔，發誓戒殺，並出家修習仁愛與慈悲，那麼您還要逮捕、處決他嗎？」

國王回道：「世尊！果真如此，我就不逮捕他。若他真的能做到您所說的，成為一位溫和的比丘，持守各種正念的學處，那麼我發誓絕不逮捕、處決他，我反而會供養他衣服、飲食、床座與醫藥。」這些供養品是佛世時比丘必備的四種資具，都是由在家人供養僧團。

國王說完之後，佛陀讓到一邊，指著身後的比丘說：「央掘魔羅在這裡。」

起初國王嚇了一跳，感到十分害怕，但透過修習入出息念，他體認到自己與佛陀在一起很安全。他轉頭問央掘魔羅：「比丘！你叫什麼名字？從哪裡來？」

央掘魔羅以非常溫和的語氣回答了問題後，國王就相信眼前的比丘的確是央掘魔羅，於是說：「我樂意供養你四種資具。」

央掘魔羅十分溫和親切地回答：「陛下！非常感謝您的關懷，我什麼都不缺。」

國王轉而向佛陀讚歎：「太好了！世尊，太好了！您做到的事，我們沒有人能做到，就連大批軍隊也做不到。您的無畏、和善與慈悲降伏了央掘魔羅，您完成了最困難的工作，您感化、療癒的力量真是強大。親愛的導師！感謝您為維持這個城市與國家的和平所做的一切。」

央掘魔羅出家時獲得的新法名是「不害」（Ahimsa，非暴力），這顯示即使是罪大惡極、落入地獄深處的人，也有可能完全轉化。央掘魔羅的故事也鼓舞了想要成為地藏菩薩之友的人，在受苦受難的地區遊歷時，你們會遇到許多央掘魔羅，因現在我們身邊依然到處都有這種人，他們需要地藏菩薩的力量、耐心和堅定來幫助轉化痛苦，以及選擇慈悲之道。凡是有人在監獄努力舉辦「正念日」，以幫助囚犯學習正念與慈悲之道，就落實了地藏菩薩的行動。在監獄、少年犯拘留中心、心理衛生所或煙毒勒戒所，你必然會遇到央掘魔羅，若以佛陀為模範，知道如何學習地藏菩薩的修行，你就能像佛陀幫助央掘魔羅般地提供協助。

注釋

❶……摩耶夫人死後應是投生到忉利天，而非兜率天。

第二十六章

陀羅尼……

第二十六品◉陀羅尼品

《法華經》第二十六品的品題是〈陀羅尼〉，意即「緊握」（總持）。陀羅尼是具有強大洞見與轉化力量的字詞或文句，只要正念分明地念誦一句陀羅尼——通常重複三遍——就能召喚組合成陀羅尼的那些音節的力量，那是我們的身、語、意在和諧、統一的三昧（samadhi，定）狀態中，所發出的神聖之聲。有了三昧的力量，念誦一句陀羅尼本身就能造成轉化。

能與諸佛菩薩溝通的陀羅尼

持念陀羅尼的目的，在於重新建立與偉大眾生、諸佛菩薩的溝通和瞭解，以便能獲得他們的心靈力量。我們並非單獨走在心靈之道上，而是效法老師、朋友、同修道友，以及所有在我們之前的修行者——我們心靈上的祖先。所以，修習陀羅尼是一個法門，它開發並容許我們去接納那些來自於支持者的力量。

雖然這種修行可能聽來相當怪異，卻不難理解。當某位法師以清淨的身、語、意住於三昧而說法時，那種定力產生很大的能量，而住於定中聽聞、受持佛法的人將能接收到那種奇妙的能量，猶如師徒之間有一股電流流通。當我們以同樣方式聽經或讀經時，也會有相同的情形發生，透過文字本身的聲音，我們接收到一種強大的心靈能量，立刻就受到轉化。在此所謂的「聽聞」，並非指一般漫不經心地聽，若身、語、意並未達到和諧、統一的定時，或心中還有憂慮、悲傷，只有一半的心思在聽聞，那麼就算聽到了發而為聲的文字，我們仍無法接收到那傳輸的能量。

諸佛菩薩擁有大定力，當他們住於三昧大定而充滿理解與慈悲的能量時，他們說的話或發出的聲音就成為陀羅尼。在大定中發出的任何一個音或字，即使是《法華經》或《心經》等經典中的一句、一偈，都具有轉化的力量。例如《心經》中說：

觀自在菩薩行深般若波羅蜜多時，照見五蘊皆空，度一切苦厄。①

觀世音菩薩心中有強大的智慧與慈悲之力，因此他即將說出的字詞都是陀羅尼，都是從他的深刻洞見與廣大心靈力量所發出的。

舍利弗！是諸法空相，不生不滅，不垢不淨，不增不減。

透過這樣的洞見，我們終於了知：

般若波羅蜜多是大神咒，是大明咒，是無上咒，是無等等咒，能除一切苦，真實不虛。

整部《心經》都是觀世音菩薩所說的陀羅尼，我們每次身、語、意和諧地吟誦這部經，就獲得這位大菩薩的智慧力與慈悲力。但若有口無心，好像在唱流行歌曲般，只是順著聲音的高低起伏，完全不曾融入其中，就什麼也無法獲得。

〈陀羅尼品〉的作用是提醒我們，每當我們全心全地意聽聞、修行教法時，諸佛菩薩就永遠與我們同在，他們時時發出能量在支持我們修行。陀羅尼的作用是一種橋樑、一種溝通管道、一種方式，讓我們能緊握諸佛菩薩，以獲得他們偉大心靈力量的扶持。

持誦陀羅尼，助餓鬼除飢解冤

陀羅尼也是一種轉化的工具。例如供養餓鬼食物時，通常在儀式一開始會持誦陀羅尼，幫助餓鬼打開咽喉，以便能接受供養。在傳統佛教文獻中，餓鬼被描繪成腹大如斗、咽喉細如針尖，總是處於極度飢餓的狀態，卻無法攝取足夠的飲食。現今也有許多種餓鬼需要我們的幫助，以轉化其苦難，有些餓鬼渴望被愛與理解，但因他們非常多疑、心胸狹窄，以致無法接受我們的愛與慈悲。因此，我們念誦陀羅尼，藉其力量讓餓鬼的咽喉恢復正常，讓他們打開心門，以便能接受供養，解除飢渴。

還有一種陀羅尼有助於儘可能地引進大多數的餓鬼，以使他們能受用供養。另有一種陀羅尼稱為「解冤結」，所有餓鬼之所以變成餓鬼，是因他們的內在都承受很大的冤屈。我們很多人也是不公不義的受害者，若無慈悲與理解，就無法解開內心的冤結而得自在；若無人幫助解開冤結，我們依然會繼續受苦。

陀羅尼是幫助餓鬼的一種方法，教團則是另一種。許多餓鬼受到阻礙，無法接觸可協助他們的人，因他們所處的情況不可能允許轉化與治療。世上有這麼多餓鬼，其中有許多深陷於自己的環境中，沒有機會體驗那種安全、平靜、穩定的空間，以取得滋養、治療身心之物。因此，我們首先要邀請他們來到教團，一開始我們念誦一段陀羅尼，普請一切餓鬼，好讓他們能有機會體驗教團療化身心的環境，否則他們將終其一生都是餓鬼，在痛苦中毫無目標地四處遊蕩，摧毀自己的身心。想做地藏菩薩之友的人必須竭盡所能，提供餓鬼這樣的機會與這種安穩的治療環境，以幫助他們轉化。

其次，必須打開餓鬼的心門，如此他們才能接受我們所供養的飲食、佛法、愛、慈悲與理解。接著，我們開始深入傾聽，好讓他們感到被愛、被瞭解，如此一來，才能化解他們隨身散發的那種深深的冤屈感。這對餓鬼的轉化和療癒是很重要的，這樣他或她才能轉生到安樂之土。

法藥的成分——教團與時間

佛陀的法藥只有兩種成分——教團與時間。一棵剛栽種的植物被植入濕潤的土地，需要經過一段很長的時間才能抽出新芽，且只有在土裡牢牢紮根的植物才會開花結果。一個安穩、慈愛的家庭和社區環境便是一塊沃土，它讓我們在心靈上有牢固的根。所以，建立、培養我們的教團是如此重要，那不只是為了我們自身的轉化和療癒，也為了提供身邊的餓鬼更有益的幫助[②]。

在某個家庭或社群中生根，是餓鬼得以治療、轉化的唯一機會，這個餓鬼的原生家庭也許無意排斥他，可能是因缺乏正念和善巧的溝通才會這麼做。但餓鬼能在心靈上的家庭中找到另一個機會，若教團的組織運作能展現充沛的耐心與愛心，那就是幫助治療餓鬼的一帖良藥，同時也給予他們重生的機會。

餓鬼或許可能因受到本身習性的驅使，而想要扯斷新紮下的根，或因無法感到平安，或因沒有能力讓自己安住於當下，即使教團是個良好的環境，他們也可能覺得想離開這個團體。因此，很重要的是，每個人都要覺察自己的習性。日積月累的習慣總是促使我們拔斷自己的根，扮演漂泊不定的遊魂，而成為餓鬼，且可能太習慣做餓鬼，以致很難停留在一個地方。

所以，我們要修習入出息念，以體認出自己內在仍有很強的餓鬼習性，且必須與教團緊密相連，學習如何信任、依賴同在佛道上的兄弟姊妹。有老師為我們指出道路，有兄弟姊妹擁抱我們，幫助我們持續修行，累積足夠的修行之後，那新栽的植物最後終會在教團的土壤中生根，而疏離感與寂寞感將消失，這棵植物才能開始綻放花朵，長出果實。

因此，我們的修行是幫助餓鬼做到三件事：召喚他們來身邊、使他們打開心門以接受我們的供養，並體驗透過修行而可能產生的轉化與療癒。這個過程需要一個社群與時間，也就是這帖普度眾生之藥的兩種成分。若能每天服用這帖藥，經過幾年你就有機會復原，你將成為一棵樹，深深地紮根於教團的土壤中，快樂和愛就有可能出現。然後，你可以回去幫助自己的原生家庭，幫助轉化自己的教會、會堂、社區與社會，讓這些地方成為療癒身心之處。

社群、同修道友、愛與理解也是一種解毒劑，能讓餓鬼不再依賴毒品、酒或性。人在痛苦時，通常會立刻設法分散自己的注意力，而以性、酒精或毒品讓自己沉溺於極端的感官經驗，試圖藉此忘記痛苦。但若有其他選擇，例如教團，你就能到那裡尋求庇護。這就是教團的建立為何對我們這時代如此重要的原因，我們必須在各地建立教團，如此一來，在世上流浪的餓鬼將會有避風港。

所有做為地藏菩薩之友的人一定要集思廣益、匯聚力量，幫助自己家庭、社區、社會中的眾多餓鬼。首先，我們得下定決心不再製造任何一個餓鬼、要一起努力，第一步就是在扮演父母、政治人物、老師或商人等角色時，避免讓更多餓鬼產生，也就是行為要謹慎負責，同時修習慈悲與深觀的正念。第二步就是幫助已存在的餓鬼，不論我們是如地藏菩薩到地獄般地走入世間，或建立教團邀請餓鬼來加入，我們都成為地藏菩薩的左右手，對餓鬼伸出援手。

注釋

①……"Heart of the Prajñaparamita," *Plum Village Chanting and Recitation Book*, p.15-16。（《大正藏》冊8，頁848c。以下經文出處同）

②……參見Thich Nhat Hanh, *Joyfully Together: The Art of Building A Harmonious Community*（Berkeley, CA: Parallax Press, 2003）。

第二十七章

妙莊嚴王……

【第二十七品◉妙莊嚴王本事品】

妙莊嚴王入於佛道

《法華經》第二十七品〈妙莊嚴王本事品〉是後來增補的一品。此品談到一位國王名為「妙莊嚴」（Shubhavyuha），他是法華會上華德菩薩的前身，而會中的藥王與藥上兩位菩薩在前世則是妙莊嚴王的兒子。這兩位王子聽聞當時示現於世間的佛陀教授《法華經》，他們透過對此經的修行與理解，得以引導自己的父王進入佛道。另外，同時出席法華會的莊嚴相菩薩，在過去生中曾為淨德夫人，是妙莊嚴王的妻子、兩位王子的母親。

佛陀介紹這幾位菩薩，並談到他們的前世，目的是要向整個教團傳達修習《法華經》能導致無與倫比的影響，而佛陀說的話結果增進、確立了會眾對這種修行的信心。此品顯示，我們有能力將自己的修行帶入家庭、社區，幫助家人與其他社區成員解脫苦難；我們不僅是為了自己而修行，也為了幫助他人而修行，這是《法華經》所頌揚的菩薩道。

當我們進入菩薩道時，父母和最親的家人自然成為我們修行的首要對象。從釋迦牟尼佛本身的例子就可看出這一點，佛陀在證悟後不久，即對姨母摩訶波闍波提、前妻耶輸陀羅、兒子羅睺羅與父親淨飯王等人說法。

在此品中，妙莊嚴王的兩個兒子——淨藏與淨眼，他們修習菩薩道的六波羅蜜很有成就，達到許多種三昧。當時的佛陀是雲雷音宿王華智佛，他希望接引妙莊嚴王修學佛法。兩位王子想聽這位佛陀教授《法華經》，於是請求母后允許他們去參加法會，淨德夫人卻要他們先去找父王，以自己修行成就所獲得的力量使父親接受佛道。我們由此可看出，身為母親的淨德夫人有能力瞭解孩子心靈最深切的期望。最後，兩位王子終於勸服父王前往聆聽佛陀說法，以這種方式幫助父母到達解脫的彼岸。

幫助家人解脫苦難

《法華經》中，藥王、藥上、華德等菩薩的出現讓我們看到，修習解脫道不僅能使自己解脫，且能引導他人脫離苦海，從我們的父母、手足、近親開始，最後擴及一切眾生。

為了更深入瞭解此品，我們必須明白大乘佛教如何在中國確立為一個可行的宗教。中國社會深受儒家思想的影響，儒家特別維護孝道的重要。所謂「孝道」，就是子女對父母與祖先的責任與尊敬，從西元前第五世紀孔子的時代到今天，這種理想一直是中國社會的基礎之一。在這種文化脈絡中，我們可以想見佛教出世的理想——離開家與家人，而成為追尋真理的比丘或比丘尼——將很難被接受。

正在修行中的人總是有能力回到家中幫助家人解脫苦難，沒有人只為了自己而修行。當儒者譴責佛教未盡孝道時，佛教修行者必須證明事實正好相反，在遵循佛道時，自己也正遵循著人道與孝道。在南海觀音菩薩的故事中（以越南特有的文字「喃」①記載）有下列這段偈頌：

佛道如是，極為奇妙，

我們心存忠孝，
而且念念以守護人道為先。

我們目標中的孝道，是能讓親人解脫苦難；我們目標中的人道，是能拯救一切眾生免於苦海中的漂流沉淪。

注釋

①……「喃」（Nom）是越南的「本國語書體」。西元九三九年越南從中國獨立之後，學者們開始創造「喃」這種表現越南口語的會意字。接下來從第十世紀至二十世紀的一千年間，許多越南文學、哲學、歷史、法律、醫學、宗教與官方政策，都是以「喃」書寫而成。

第二十八章

普賢大行……

第二十八品◉普賢菩薩勸發品

現在我們談到《法華經》最末的第二十八品〈普賢菩薩勸發品〉[①]。此品描述普賢菩薩的誓願——無論在何時何地，只要有一人修習《法華經》，他就會現身幫助。

普賢菩薩是《法華經》最後提到的一位菩薩，他在此處扮演的角色是保護、保存此經，「讓它普及，永不斷絕」。然而，這短短的一品不足以廣為呈現他稱為「大行菩薩」的全貌，因此我們運用其他經典的相關敘述，例如較完整闡述普賢菩薩大行（廣大行動）的《華嚴經》，來補足《法華經》有關普賢菩薩的這一品。

禮敬佛陀

我們可用十方面的修行，來描述普賢菩薩的大行。第一項是「禮敬佛陀」，通常我們以頂禮的方式來表達對諸佛菩薩的尊敬，但重要的是，要瞭解這個行動不是一種撫慰，並非虔誠的教徒為獲得保佑而禮拜法力強大的神祇。佛陀無須我們的禮敬，從這種修行中獲益的其實是自己。當你禮敬佛陀時，就看見了佛道，開始往善的方向前進；你知道自己是具有覺悟能力的未來佛，也體認自己有愛與接納的能力，能感到喜悅，並帶給別人喜悅。

當你頂禮佛陀時，其實正是承認自己成佛的能力；對佛陀致意時，你也同時承認自己內在本有的佛性。負面的自我形象讓你一直無法體會自己的真實本性，而這種修行能幫助你從負面的自我形象中釋放出來，若無這種自信，人就無法在佛道上有長遠的進步。以此方式理解「禮敬佛陀」，並身體力行，那麼這種修行就不只是虔誠的儀式，也是一種智慧的修行。

在傳授「正念十四學處」的儀式中，我們頂禮文殊菩薩、觀世音菩薩與普賢菩薩，當額頭碰觸大地時，我們也深深觸及這幾位菩薩所代表的特質。例如文殊菩薩代表深刻的理解，他能以許多形體示現，有些人喜歡在禮敬時觀想文殊菩薩坐在一頭青獅上，但我們禮敬的姿勢和他外在的形貌無關，當頭觸大地時，碰觸的是他的大智慧。禮敬文殊時，我們覺知所有受苦者一接觸他的大智慧，立刻就能獲得解救；我們了知苦難因無明而產生，而透過理解，恐懼、憤怒和絕望就會消失無蹤。因此，當深深禮敬文殊菩薩時，我們正是承認能解脫苦的理解之力有多麼偉大、重要。

同樣地，當我們頂禮觀世音菩薩時，就是承認愛有多麼奇妙；因為愛，我們才能有這麼多作為，照顧這麼多眾生。出於愛而做事，就不會覺得疲倦，且立刻獲得許多快樂，不會覺得是被迫去做什麼事，反而很高興自己能成為大悲觀世音菩薩的左右手。因此，我們的修行即是熱愛自己的日常生活，時時刻刻將一舉一動都化為愛的行動。

有人致力於解救、轉化、治療這地球上的其他眾生，當我們禮敬普賢菩薩時，即可在這些人身上看到普賢大行的力量。普賢菩薩不只是個抽象的人物，我們身邊到處是有血有肉的普賢菩薩，例如在教團中有些菩薩努力助人、解救苦難，毫不疲倦。當你舉辦一次禪修，為教團煮飯或載人到機場，這時你就是佛陀與普賢菩薩的左右手。

當頂禮而碰觸大地時，我內心感到深深的恭敬與敬愛，對於周遭所有以文殊、觀世音、普賢菩薩，及其他大菩薩為模範的一切菩薩，我內心充滿感激。「禮敬」的作法從外表看來，給人的印象不過是一種單純的、無異於祈求神明的虔誠儀式，其實並非如此。雖然它是對諸佛菩薩表達敬意與讚歎的一種方式，但這動作不僅止於對諸佛菩薩的虔誠；當正念於呼吸、俯身觸地時，我們即與眾菩薩以及他們代表的特質緊緊相繫，以這種精神禮敬。

頂禮其實就是一種禪修，我們因它而接觸到理解、慈悲與偉大的行動，並視一切眾生為覺察與愛的對象。因此，在對這些大菩薩表示敬意的同時，我們也表露出自己對修行菩薩道，以及對培養自己內在理解、愛與慈悲能量的全心奉獻。

稱讚如來

普賢菩薩修習的第二項大行是「稱讚如來」。如來同樣無須我們的稱讚，但讚頌佛陀讓我們接觸到諸如來的特質。如我們在唱誦「四隨念」時，即接觸佛、法、僧的特質：

我所皈依的偉大導師，
是體現顯露究竟實相者（如來），
是堪受一切尊敬與供養者（應供），
是具備圓滿智慧者（等正覺），
是擁有正見與慈悲行者（明行足），
是已快樂地達到解脫之彼岸者（善逝），

是深觀而了知世間者（世間解），
是至高無上的調御者（無上士），
是培養鍛鍊眾人者（調御丈夫），
是教導眾神與人類者（天人師），
是覺悟者（佛），
是普為世人崇敬者（世尊）。②

讚美佛陀偉大見解與智慧的同時，我們也觸及存在於自己阿賴耶識中同樣的德行種子；我們透過修行來澆灌這些良善的種子，讓它們得以成長。所以，讚頌佛陀與諸如來也不僅是虔敬而已，更是一種智慧與能量的修行。

發現自己容易擔心、感到憂慮或害怕時，唱誦或聆聽唱誦是特別有益的。我們應盡力轉移自己的心思，遠離憂慮，專心於更有益的方向，而正念分明地唱誦或聆聽唱誦，能幫助我們在心識中生起正向的心理活動。然而，一如「禮敬」的行動，重要的是要理解誦經或念經並非哀求祈禱，我們不懇求什麼恩賜，而是實現一種修行，幫助自己接觸內在早已擁有的善種。唱誦可配合禪坐而天天進行，這種修行可實際而有效地灌溉良善的種子，讓它們茁壯，同時避免負面種子的出現。

廣修供養

普賢菩薩修習的第三項大行是「供養一切諸佛與眾生」（廣修供養），這是在修習布施。不一定是有錢人才能修習布施，你可在日常生活中奉獻自己的修行，且無須成為受具足戒的比丘、比丘尼或法師，你就可將自己的修行奉獻出來。

若你知道如何正念分明地走路，步步安穩、喜悅，快樂地安住於當下；若你的一舉一動都保持正念；若你的雙眼充滿喜悅、堅定的信念與對佛法的信心；若你的微笑能展現修行中的喜悅，那麼你就能將每日修行的美妙與喜悅奉獻給諸佛、家庭與社區。不論你是修行了十年、二十年或三十年的出家人，或剛剛誕生於佛法之家的沙彌、沙彌尼，或在家居士，你的出現、存在都有很高的價值，是你每天時時刻刻都能奉獻的。

懺悔業障

普賢菩薩修習的第四項大行是「改過自新」（懺悔業障）。從事這種修行時，我們承認過去的行為中有些已造成障礙，為自己與身邊其他人帶來痛苦，接著我們陳述自己改過自新的決心。由於修習「改過自新」，你就能讓自己從過去中解脫，而不會讓過去的重擔壓垮你、癱瘓你。你承認自己的錯誤，並為不善巧的行為可能造成的苦難負起責任，有了這種全新的覺知與洞見，你立刻重新做人。

修習「改過自新」讓我們有機會重頭來過，重回解脫道。每個人都有這種機會，還記得壞事做盡的央掘魔羅嗎？他甚至殺害母親，但在佛陀的幫助下，他依然能重新做人，察覺過去所做的錯事，他發誓不再有任何傷害的行為，讓自己的生命重新開始。這種修行非常有效，凡是酗酒或有毒癮的人都能修習「改過自新」，在教團的支持下解脫酒癮或毒癮的束縛；過去曾犯錯的我們，也都能以這種奇妙的修行讓自己重新開始。

隨喜功德

普賢菩薩修習的第五項大行是「為他人在佛法上的體證感到歡喜」（隨喜功德），這並非嫉妒別人的成就，而是衷心地為他們感到高興。這種贊同他人的歡喜心（mudita，喜），是根源於我們對「相互依存」本質的深刻理解，了知別人的快樂與成就即是自己的快樂與成就，因而希望人人都能快樂。這種修行是處理羡慕、嫉妒最有效的方法，理解實相相互依存的本質，我們對其他人或團體任何正面成就的感受，就會如對自己成就的感受一般。

請轉法輪

第六項是「請求諸佛轉法輪」（請轉法輪）。對於剛獲得覺悟、解脫煩惱與痛苦的人，我們必須去請他們協助教導眾人。世上有這麼多苦難，有能力到達自在解脫彼岸的人，不能僅僅滿足於享受一己的解脫與安詳，我們得去請他們轉動法輪——分享佛法與修行，好讓所有眾生都能跨越煩惱痛苦的大海，到達解脫自在的彼岸。

請佛住世

第七項是「請求佛陀於歷史向度中，在我們身邊多停留一些時間」（請佛住世）。我們請求佛陀與我們同在，別立刻進入究竟向度的涅槃，因我們還需要他。若無佛陀和佛法的教導，世界會再度陷入黑暗，所以我們運用佛陀對世人的大慈大悲，請求他留下來繼續教導。

常隨佛學

第八項是「時時跟隨佛陀，以加深我們的修行」（常隨佛學）。既然已請佛陀留在世間繼續教導，我們就盡一切可能地安排自己的生活，以便能持續學習佛法，修習佛法，絕不可錯過這麼珍貴的機會。不該只會對自己說：「哦！我隨時都可以去學法，現在我工作很忙，有這麼多事要做。明年我一定能把事情安排好，然後就能去學習如何修行。」這不是普賢菩薩的作為，他發願無論何處有佛陀出現教導佛法，他就會在該處出現，更深入學習如何修行。佛法的出現是非常難得的，所以我們不僅請求法師長久住世，也竭盡所能地接近老師，儘量地學習，才能延續解脫眾生的工作。

恆順眾生

普賢菩薩修習的第九項大行是「專注於眾生，以提供幫助」（恆順眾生）。我們修行不只是為了自己獲益，更是為了要成為佛陀的左右手以幫助他人。所以，我們接觸眾生，把他們的痛苦、渴求、欲望視為自己的痛苦與渴望，將他人視為自己修行的對象，永遠與他們一致，回應其需求，視之為家人、父母、佛陀。眾生飢餓，我們提供食物；眾生患病，我們施予醫藥；眾生互相對立，我們加以照顧，並協助和解——這是父母、老師、保健醫療人員、環保人士、和平工作者的修行之道，他們透過自己的生活與工作，表現諸大菩薩的理解與慈悲。

我們瞭解為眾生服務就是為佛陀服務，而普賢菩薩的這項修行就是以此為基礎。每個人都是未來佛，所以幫助眾生就如同侍奉、協助佛陀，這是普賢菩薩行動向度的偉大之處。

普皆迴向

最後，普賢菩薩的第十項大行是「將一己修行的所有功德迴向證悟」（普皆迴向），這能讓我們時時增長菩提心——為了眾生而想證悟的期望。在前面談論有關《法華經》「功德」的那一章中，我們知道人人都可透過宿世的善行，而建立起一個功德寶庫，在身、語、意方面的任何善行，都能創造出一股正向的能量。

現在，我們以普賢菩薩為榜樣，將這股豐沛的心靈力量匯聚在一起，迴向引導一切眾生解脫的修行，我們誓願與所有眾生一起徹底轉化自我，圓滿覺悟。我們過去與現在的修行雖是為他人行善，卻為自己創造功德，而我們將這一切功德奉獻給最究竟的目標——一切眾生的共同轉化與解脫。

注釋

①……Hurvitz, p.332-337。（《大正藏》冊9，頁61a-62b）

②……引自*Plum Village Chanting and Recitation Book*, p.333-334。（譯按：這首讚佛偈提及佛的種種功德，如譯文括弧中所載之「如來」、「應供」等即為佛經中常見的讚佛名號。）

第四部　開啟行動之門

第二十九章 六波羅蜜

出家眾早課的唱誦中有一句「開啟行動之門」[①]（opening the door of action），意指透過修習六波羅蜜而進入行動的向度。因修習六波羅蜜是菩薩道的基礎，所以稱為「行動之門」。不只是我們在《法華經》中遇到的常不輕、觀世音、普賢等大菩薩，就連你、我與其他人都能成為佛弟子與佛陀之友，且成為菩薩，為世間帶來和平、喜悅與安定。

六道行動之門——六波羅蜜

「paramita」這個梵文術語通常英譯為「perfection」（圓滿），但在漢傳佛典中，此詞常譯為「度」，意指「到彼岸」。六波羅蜜是非常具體的工具，我們憑藉這六種工具橫渡苦海，到達解脫自在的彼岸，遠離渴求、憤怒、嫉妒、絕望、迷惑。透過培養與圓滿這六種生存方式，我們就能很快地到達彼岸，可能只要幾秒鐘即可跨越苦難的河流，登上幸福之岸。我們可能一直以為要經年累月的修行才能從煩惱中解脫，但若知道如何培養、展現這六種特質，我們當下就可超越。

第一種波羅蜜或者說第一道行動之門是「布施」──贈與、慷慨；第二道門是「戒」──戒律、「正念學處」與道德行為的準則；第三道門是「忍辱」──兼容並蓄的包容力；第四道門是「精進」──修行時的勤奮、活力、努力與堅定；第五是「禪定」──修習靜止、安定與深觀；第六是「般若」──智慧與理解。

我們已看到這些特質展現在《法華經》中出現的諸位菩薩身上：常不輕菩薩與富樓那是忍辱波羅蜜的典範；文殊菩薩是般若波羅蜜的楷模；地藏菩薩「地獄不空，決不歇息」的誓願，則是精進波羅蜜的榜樣。

所有大菩薩都以各種不同的方式展現六波羅蜜的特質，而這六個行動之門都彼此相互依賴，你在其中任何一個特質中都可看見其他五個特質。這是我們修學佛法時應採取的方法，因佛教智慧的基礎正是「相互依存」──一即一切。

以六波羅蜜度到彼岸

理解六波羅蜜「相互依存」的本質，這是極為重要的。藉由持戒或修習「正念學處」，你也在修習布施，因若知道如何在正念中生活，就是將非常有意義的事物布施給世間。修習忍辱也是修習布施，當你完全接納眾人，擁抱、照顧他們，這就是一份大禮；透過擁抱與照顧他人的修行，你幫忙為自己的家庭與社區帶來更多和平與安定。修習精進與禪定也可導致無限的喜悅、安定、轉化與療癒，不僅是為自己，也為周遭的人。而修習般若提供的理解與智慧，能幫助我們所有人橫渡苦難之河，到達解脫的彼岸。

六波羅蜜是菩薩道不可或缺的修行，為了讓我們出現在行動的向度中，以最有效的方式做為諸佛菩薩在這世間的左右手，我們努力修行，於自己內在培養這六種特質直到圓滿。當我們在每一種波羅蜜中看到一切波羅蜜的存在時，也就開始完全證悟，並真正地活在修行之中。

注釋 ①……另見 Ch.25, "The Six Paramitas," *The Heart of the Buddha's Teaching*。

第三十章
布施

「布施」是菩薩修行中不可或缺的一項。在《法華經》第二十五品〈觀世音菩薩普門品〉中，我們學到菩薩的四種善巧方便，其中第一項就是修習「供養」，不只是奉獻有形的物質，還有佛法的贈禮——提供能解脫苦難的修行。此外，還有菩薩最究竟的供養——「無畏施」，我們必須以這種角度瞭解布施。

真正的布施是「空性的布施」

布施波羅蜜無關於物質上的財富，而與慷慨寬大有關，也就是以慈悲和愛擁抱他人的能力，有了這樣的精神，我們很自然地能竭盡所能地布施以幫助他人。所以，我們立刻能明白布施波羅蜜和修習忍辱相互交疊，同時也含有般若的要素，因正是理解「相互依存」，寬容與慈悲才得以生起。真正能將自己視為他人，也將他人視為自己（自他不二），這時自然會想要盡全力確保他人的快樂與福祉，因為我們知道，那其實就是自己的快樂與福祉。

越南有一種蔬菜叫做he（讀如「嘿」），屬於蔥科，外形像青蔥，加入湯裡味道很鮮美。愈從底部切除它，它長得愈茂盛，若不切就沒什麼成長，若常從莖幹底部切下，它就會愈長愈大。修習布施也是如此，若你不斷地布施，就一直會愈來愈富有——快樂與幸福方面的富有。

這看似奇怪，卻永遠是真實的；你愈是將自己重視的東西分贈出去，財庫就更加擴大。這不僅指物質上的贈與，還包括時間與精力的奉獻。為何會如此呢？這是因為你努力積聚財物，或許最終仍會失去它們，但你為了幫助別人而布施的每件東西，卻會永遠伴著你，成為你幸福的根基。

修習布施是很奇妙的，但必須時時以智慧的精神去做。美國總是大方援助其他國家，包括人道援助、金援、科技資源等，但其存心是要贏得別人的擁護，想強迫接受援助者支持她的目標與意識型態。這種布施背後的動機是國家的私利，是政治、經濟的利己措施，因此，即使給予人道援助，若隱含贏取人們擁護或鞏固政治、經濟聯盟的意圖，也並非真正的布施。

真正的布施不是交易，也並非買賣的策略，它並無施予者與受贈者的念頭，這就稱為「空性的布施」，沒有布施者與受施者之間的分別，這是以理解「相互依存」的般若精神而修習布施。這時你提供幫助就會如呼吸般自然，不把自己看作施予者，也不把對方視為接受自己布施的對象，或他因蒙受此恩惠而必須心懷感激，對你有求必應等。你並非為了讓對方成為同盟者而布施，而是看到人們需要幫助就布施、分享所擁有的東西，毫無附帶條件，也不求回報。

有個故事是關於一個非常有錢的人，他捐了十萬枚金幣給寺院。在此之前，寺裡的住持為了建一座新禪堂而在村落中尋求經濟支援，於是富有的地主帶了一大筆捐款前來。住持為幾位來客奉茶，那位富有的捐贈者也是座上客，他把要捐給寺院的金子擺在桌上的盤子裡。住持未去注意那筆錢，反而對這群來訪者作一場非正式的佛法開示，告訴他們該如何修習「正念學處」等。他未注意到金子，因他相信人們能奉獻固然好，但他的任務是幫助人更深入理解、修習佛法。其實，接受供養只是為了要支持一個更遠大的目標——佛法的推動。

那位有錢的捐贈者變得不耐煩了，他希望住持談到那些金子，且在眾人面前表達謝意。於是他打斷住持的開示，開口說道：「敬愛的住持！您是否計算過？這裡有十萬個金幣。」住持溫和地說：「我知道。」然後繼續開示佛法。過不了一會兒，富人又打斷住持的話：「可是，住持大師！您不覺得十萬個金幣是一大筆錢嗎？」住持看著他說：「你希望我感謝你嗎？我倒認為你該感謝我，因我給你機會布施，獲得功德。」

協助興建禪堂是對每個人的布施，是為了延續佛法，這提供給那位有錢人一個奉獻的機會，讓他獲得協助推廣佛法的功德。但他捐錢時，卻希望被公開讚揚為大施主。所以說，他雖然捐了很多錢，其實缺乏布施真正的精神。

以無分別的精神行布施

我的右手做很多事，寫書法，也寫詩；我不用打字機，因此所有的詩幾乎都是用右手寫的。只有一次我用打字機寫詩，那時正好有靈感，手邊卻沒有筆，我便將一個信封放進打字機，這時左手才參與寫作。除此之外，我所有的詩都只用右手寫成，但右手從未對左手說：「你！簡直一無是處！你不寫書法，也不寫詩，我包辦所有工作，你卻什麼事也沒做。」

我們的身體從未作這樣的分別歧視，別以為這是因身體本來就無聰明才智。當我試圖在牆上掛一幅畫時，我左手拿釘子，右手拿鐵鎚，但未打到釘子，卻搥到左手的一根手指。這種情形不時會出現，尤其是人站在梯子頂端的時候。一發生這種情況，右手立刻放下槌子，很自然地伸過來照顧左手，兩腿也開始移動找繃帶，一切都很順暢地搭配合作。事後，右手不會說：「嘿，左手！你記得我是怎麼幫你的嗎？下回我有需要，你就得來幫我。」我們具備天賦智慧的身體並不是這樣行動的。因此，無分別的智慧就是以一個活生生軀體的實相出現在我們身上，我們必須學習如何訓練自己的心以這種方式看待事物。

我們的存在形成一種實相，與其他一切生命「相互依存」。當我們理解這項基本真理，就會以無分別的精神展開布施的行動。由於圓滿修習布施所獲得的精神利益或功德是無法計算的，當知道如何以「相互依存」的精神行布施時，便會帶來許多快樂。你自在地布施，滿心歡喜，且繼續布施。我們有很多人已知道如何以這種方式修行，不用捐出十萬枚金幣，甚至連一枚金幣也不用，我們可以給人微笑或關愛、慈悲的眼神；也可以用自己安定、專注的態度為贈禮，幫助害怕或憂慮的人；或奉獻自己的時間、精力，幫助無家可歸的人、囚犯，或對各種不同事物上癮的人，或致力於協助維護環境。我們有許多禮物可以布施，遠比自己想像中要富裕得多，即使口袋空空，還是能幫助、確保許多人的快樂幸福。

修習布施波羅蜜也是對治憤怒的有效方法。佛陀教導我們：「當你對某人憤怒時，試著送給對方一點東西。」這種作法是預先準備好禮物，以備不時之需，別等到對人發怒了才準備，那時可能會因心中有憤怒與敵意，就不想送任何東西給對方了。你送的東西不必是物質上的禮物，你可送一首詩、一段佛經、一首歌、音樂，或一張名山勝境的照片。然後，當你對某人感到憤怒時，提醒自己佛陀給我們的忠告，一旦心裡動了送禮給對方的念頭，你的痛苦就會減輕。通常在憤怒中我們只想到懲罰，但現在反向操作，只想到送點東西給對方。幸而有這樣的修行，我們的怒氣即時開始消退。

我們必須學習如何在社會、國家的層次修習這種布施，一個國家能贈送她眼中的敵國什麼禮物呢？國家可以說：「我們想提供你們機會，讓你們能和平、自主地生活。我們希望你們的人民都有安居之地，都能成功，並享有安定與幸福。」當我們想要布施時，即使尚未奉獻任何事物，光是想提供援助與理解的心意，或想傾聽與溝通的意願，就開始減輕自己與他人的苦難了。修習布施波羅蜜讓我們的憤怒與仇恨消失，而得以在一瞬間到達彼岸。

當社區與國家以這種方式修行時，就能繁榮且贏得其他社區與國家的讚賞、尊重與接納。若我們與他國來往時能學習如此修行，就無須嚴密守衛大使館的出入口，也不必再害怕砲彈轟炸與恐怖攻擊行動。我們將不會變得孤立或被恐懼所吞噬，心識若充滿恐懼、猜疑，永遠不可能有快樂。若我們在個人與群體方面都知道如何開啟六波羅蜜之門，所有人將會很快到達自由、和平與安全的彼岸。

第三十一章

持戒

第二種波羅蜜——戒，是關於日常生活道德行為一套清楚而簡單的準則。「我誓願以慈悲心深入傾聽你的痛苦。」這是戒；「我誓願以慈言愛語與你交談。」這是戒；「我誓願保護、保存生命。」這也是戒。

持戒能保護自己與他人

對修習其他波羅蜜而言，「正念五學處」[①]——佛教的根本五戒，是不可或缺的基礎。持戒時，你以言語、行動展現自律與正念，這時就成為一個很可靠的人；因你言行一致，所以人們信賴你，對你有信心；而有了這種信賴的支持，你便能成就許多善行。在梅村，我們以非宗派的形式，且不用佛教特有的術語來呈現「正念五學處」，因我們知道這些行為準則具有普世的價值，每個傳承中都含有這些生活道德準則的要素，用詞或有不同，但其本質幾乎完全相同。

若我們知道如何在個人、群體、國家等方面應用「正念五學處」，那麼世界和平將會實現。「正念五學處」提醒我們，要正念分明地飲食消費，避免作出可能傷害自己身心的事；這幫助我們克制自己，不去傷害別人，也不說製造不和、分裂或是讓人痛苦的話。持戒有助於確保自己與他人的安全與幸福，也是增長理解與慈悲之道。

若各國政府能顯示這種意向，具體實現這些道德行為準則，那就太好了。我們做的每件事、人類活動的每個領域，都能以支持整個國家、地球的安全與幸福為目標。當我們順此道而行，自然能獲得影響力與信任，站在一個能打開任何一扇門的位置。在別人眼裡，我們走的是和平、包容之道，他們將毫不遲疑地加入我們，成為這條道路上的夥伴。

圓滿修習持戒波羅蜜無須花費一輩子的時間，在下定決心依照這些學處與修行而生活的每一刻，立刻就有可能產生喜悅、療癒與轉化。假設你飲食有障礙，也許是常常吃下比實際需要還多的食物，這樣將帶給你許多困難與痛苦，這時你可以在有關飲食與其他消費的學處中（「正念學處」中的第五條：[2]不飲酒戒）尋求庇護。一開始，你可能要立誓不離開家人或社群而獨自飲食，在家人面前或社群體中，立誓正餐之外不吃其他東西，立刻就會感到豐沛的精力與支持。尋求社群的庇護，讓我們能輕而易舉地持戒。

在家庭或心靈團體裡修習行動中的正念時，我們獲得他人的幫助、支持與鼓勵。但無論是否過群體生活，若我們的日常生活充滿喜悅與健康有意義的活動，就不會覺得生活空虛。人們依習性飲食，缺乏正念，這是因他們內在空虛，心中充滿寂寞、沮喪。不論是獨自或在團體中，從事唱誦、聞法、行禪、瑜伽與其他能帶來平靜、放鬆與喜悅的有益活動，都能造成一股強勁的正向能量，我們就不再感覺有過度飲食或強迫性飲食的需要了。

持戒是一種自我保護，幫助我們留在幸福健康之道，避免種種不善、失念的行為所導致的痛苦，這不只為了自己，也為了周遭所有的人。

因此，在持戒中很明顯地也有布施的成分，對父母、子女、摯愛者與好友、社區與整個世界而言，我們在修習「正念學處」就是一份大禮。持戒意味著過健全的生活，保持正念，並在日常生活的所作所為中表達自己的關愛與理解，這是我們送給身邊每個人、國家與整個地球的一份大禮。依循「正念學處」而生活，這對全世界的安定與福祉絕對有很大的貢獻。

以愛與理解來持戒

持戒也是以般若為基礎，「正念學處」並非神或老師加諸在我們身上的東西，而是我們自身覺醒的結果。覺察到世界各地正在發生的破壞，覺察到造成世界各地許多人痛苦的消費主義所產生的損害正在摧毀地球的資源，我們自然會依「正念學處」過活，以護持生命。

從我們的覺醒、理解與愛中，自然會生起正念而有道德的生活方式，當你心中有清楚的覺醒與強烈的愛時，就不會覺得持戒生活有什麼困難，或覺得「必須」持戒，而會「樂於」持戒，你會很輕易且自然地成為一個負責任的人，因智慧與愛已在你內心生根。當我們真正有愛，真正關懷，真正覺醒地看清「相互依存」的本質時，持戒一點都不費力，且將很輕易自然地達到圓滿。

過去多年來，美國與歐洲若干佛教修行中心一直深陷於領導者不當性行為與權力濫用等爭議的危機中；有關天主教教士對兒童性虐待的諸多醜聞，最近也公諸於世，對天主教會造成致命的影響。這些情況只有在缺乏正念的覺知與理解的地方才會發生，這種行為違反了戒律。宗教團體中，人與人之間的性關係具有摧毀許多人生活的力量，尤其是對兒童。為何宗教師或宗教領袖會有這種行為？既違背了自己神聖的誓約，也對別人造成這麼大的傷害與痛苦。這種傷害行為的根本原因，就是太過缺乏理解與慈悲。

真正持戒圓滿的老師要避免與弟子發生性關係是不困難的，但這並不表示他們不關愛學生，相反地，正因他們愛弟子與學生，所以能自制而避免這種行為。因我愛你，希望保護你，希望你在解脫道上有成就，所以我持戒。愛、覺知與理解的正念，都是保護、幫助我們圓滿持戒的要素；有了愛與理解，你無須特別努力，就能圓滿地持戒。持戒時充滿掙扎、努力，且不斷地自我譴責或太過嚴厲，這些都是不正確的。只有內心的理解與愛才能讓我們正確抉擇，自然而不費力地修習正念與慈悲的生活方式。

注釋

①……參見Thich Nhat Hanh, *For a Future to Be Possible: Commentaries on the Five Wonderful Precepts* (Berkeley, CA: Parallax Press, 1993)。

②……參見*The Heart of the Buddha's Teaching*, p.88。（譯按：傳統上對「不飲酒戒」的詮釋，著重在單純的不飲酒而已，但一行禪師將之擴大為廣義的「消費倫理」——不進行任可能有害身心的消費或飲食行為。從有害身體的菸酒到毒品，從有害心靈的電視節目、不良書刊，都是此戒的涵蓋範疇。）

第三十二章

包容

涵蓋一切的包容性——「忍」

梵文「kshanti」通常譯為「忍辱」或「堅忍」，但這譯詞並未真正傳達出這種波羅蜜的真意。

「忍辱」多少有受點苦以接受某件事的意味，看看「忍」這個字的下半部是「心」，上半部的筆劃看起來像把刀，或是有點難以掌握的尖銳物品，此字以圖像表達出原文的根本意義——涵蓋一切的包容性。

心胸若夠寬廣、開闊，就能接受尖銳的事物，不受困擾；心胸若太狹窄，便會覺得某些事物看來令人不快或不安。若我們的胸襟夠寬廣，就能很自在，能擁抱尖銳、棘手的事物而不受傷害。所以，「忍」是一種不會帶來痛苦的存在特質，事實上，這種特質會讓我們避開由於自己心胸狹窄而經歷的痛苦。心量夠大，就不會受苦。

對於這項原則，佛陀為我們舉出一個非常美妙的實例來說明。假設手捧一把鹽倒入一碗水裡攪拌，這碗水會太鹹而不能喝；但若將鹽丟進河裡，河水不會變鹹，人們能繼續飲用。所以，當你只是一碗水，便會受苦；當你變成一條河，就再也不會痛苦。

若我們的心量一直很狹窄，可能會因生活中所有大大小小的困境而深受痛苦，不論是天氣冷熱、洪水、細菌、生病、年老、死亡，或遇到固執的人、殘酷的人。然而，透過修習「忍」，我們能包容一切，不必受苦。一顆狹小的心容納不了太多東西，無法納入、擁抱一切——每個生起的困境；一顆寬廣而開闊的心卻能輕易地接納一切，不必再受苦。

圓滿地修習「忍」，包含持續不斷地擴大自己的心量，讓心能接受、擁抱萬物，那是愛的力量與奇蹟。

敞開心胸接納對方

每個人都得自問：「我的心量有多大？我要如何讓自己的心量日益寬廣？」修習「忍」或包容，是以修習理解、慈悲與愛為基礎。當人修習深觀以理解痛苦時，慈悲的甘露自然會在心中湧現，慈愛與悲心能繼續無限地成長。因此，由於修習深觀與理解，你的慈愛與悲心會天天增長；而有了足夠的理解與愛，你就能擁抱、接納每件事物、每一個人。

在一場衝突中，我們往往會有如下的感覺：若與自己對立或信念相左的人不再存在，我們就會獲得平靜與快樂。於是，我們行為的動機可能就是一種欲望，想要殲滅摧毀對方，或想從自己的社區、社會中除掉某些人。但透過深入觀察，我們將看到對方也和自己一樣在受苦，若真正想要生活在和平、安全之中，我們就必須為對方創造機會，讓他們也同樣過著和平、安穩的生活。

若我們知道如何允許對方進入內心，有這樣的意願，不僅自己立刻減輕痛苦，同時也增加平靜、安穩的機會。當行為背後的動機是想修習包容時，就不難問出：「我們該怎麼做，最能幫助你們享有安全的生活？請告訴我們。」我們對於對方安全與平靜的生活、重建家園、強化社會等需求表達關切。你能以這種方式處理一場衝突對立，就有助於快速轉變整個情勢；而這種轉變的基礎，首先必須是自己內心的轉變；你敞開心胸接納對方，想要給他們機會生活在平靜中，就如自己想要的生活一般。

受困於衝突對立中的社會與國家，若真的想要找到一條和平共生的出路，就必須學習如何包容——對方也需要地方生存，需要能保障社會和平繁榮的安全與安定，我們這一邊的人能否接受這項事實呢？深觀對方的處境時，我們看到他們無異於我們，也只是想要有個地方能安全、平靜地生活。

理解自己的痛苦與願望，便能理解其他團體的痛苦與願望，我們知道若對方沒有和平、安全，自己就不可能有和平與安全，這就是「相互依存」的本質。有了這種洞見，我們將能打開自己的心胸，擁抱對方。

第三十三章 精進

「精進波羅蜜」經常遭到錯誤的詮釋。將「勤奮」的特質帶入修行，並不表示必須非常辛苦地鞭策自己，或把自己弄得苦不堪言。很多人以為要做個精進的修行者，就得打坐一小時或兩小時，或整天打坐，直到全身痠痛為止，還以為這樣做才算好。你奮力地逼迫自己，自覺是個英雄，可以忍受得住身心的痛苦，結果你做到了，從頭到尾撐過了這次禪修。

精進從喜悅中產生

這不是在修習「精進」，你無須受苦以求修行上的進步，真正的精進或修行中有益的精勤與努力，是從喜悅中產生的。修行的重點並非製造更多的痛苦，而是產生幸福、轉化與療癒。我們修行不只為了將來達到某種更好的狀態，也是為了接觸在每個當下就可獲得的喜悅與安詳。若你用正確的態度修行，立刻就會感到從痛苦中解脫。

當正念分明地呼吸、走路、坐下與觀察時，你是專注的，而透過這種專注，你能深觀並觸及周遭一切生命的奇蹟，這種結果是立即出現的。當吸氣時，你能擁抱自己的痛苦與哀傷，以便立刻帶來解脫；繼續以這種方式修習，你將持續感到無比的解脫、轉化與喜悅。正念能導致種種結果，若正念的對象是令人愉快的，你的喜悅會增長；若對象是痛苦，你的痛苦便會減輕。正念本身就帶有專注，

在專注中生活時，你將能深入洞察實相的核心。

以「四正勤」照顧心識內的種子

關於「精進」，在「四正勤」[1]中有清楚的教導。「四正勤」是四種修行，能幫助我們避免製造新的痛苦，並轉變現有的痛苦。根據佛教心理學，我們的心識包含了底層的藏識與較為表層的意識；藏識中有許多種子，既有善種，也有不善種，它們都

是我們過去種種行為所產生的結果，它們可能會顯現，也可能會一直蟄伏著，就看我們如何照顧這些種子。②

因此，修習「四正勤」中的第一項，是不在自己的心識中種下新的負面種子，若心中尚未植入任何身、語、意不善行的種子，就別種植它們。例如，若你沒有因嗑藥、酗酒，或使用其他干擾身心健康穩定的物品而留下的種子，就別讓自己暴露在可能讓心識產生這些種子的情況中。這是「精進」的第一種要素，我們必須以理智與理解去修習。

修習「四正勤」的第二項，是如何處理已存在的負面種子。這牽涉到安排自己的日常生活，避免不善的種子有機會顯現、成長。我們必須去修習的生活方式是，每天都別去灌溉憤怒、絕望與渴愛的種子。為自己和孩子創造一個健全、健康的環境是件重大的任務，我們一定要建立一些社區，讓自己能在其中接觸到生命的種種奇蹟，周遭所遇到的都是過著正念生活的人，避免自己和孩子內心中的負面種子得到水分的滋養。

二十年來，我一直談到需要創造具反抗力的社區；那是正念生活的社區，可以取代現在許多人不健康且浪費的生活型態。我們經常暴露在社會負面的事物中，日以繼夜地受到所見所聞的侵襲，內在負面的種子因而每天都獲得澆灌，持續成長。

所以，如何安排自己的家庭、社區才會如此重要。這樣一來，我們才能獲得保護，免於渴愛、敵意與迷惑不斷地入侵與襲擊。若我們不自我保護，防範這些毒害的影響，就無法幫助、保護其他人，包括自己的孩子和摯愛的人。

這第二項修行，還包括不讓內在負面的種子被灌溉而顯現於意識層。當不善種子在意識層顯現時，其根基就會壯大；保存於藏識的種子，其影響力在長時間後會逐漸變弱，但若有機會在意識層出現，它就會繼續從根部茁壯。所以，我們必須精進修行，不要澆灌絕望、憤怒、渴愛等負面的種子。

修習「四正勤」的第三項，是澆灌藏識中已存在的正向種子。若這些善種還未顯現，我們就修行以幫助它們；若善種已顯發，就努力讓它們儘量維持在意識層上。同樣地，環境很重要，我們讓自己身邊圍繞著益友——佛道上善良的兄弟姊妹，他們便能幫助我們觸及藏識中正向的種子，這些善種於是就能獲得灌溉而顯現。

這是怎麼運作的呢？假設你開始覺得生氣，但你不被這種情緒吞噬，而是注意聽佛法開示，或向佛道上的兄弟姊妹傾吐，這樣做便可阻止憤怒的種子完全顯發，然後你可展現仁慈以取代憤怒。就如轉換電視頻道般，每當你在螢光幕上看到負面影像時，就轉換頻道，若找到正確的頻道，便會接收到好的影像。我們的心識也是如此運作，心識中有成千上萬個頻道，而正確頻道的選擇權就在自己手上。所謂

「正確的頻道」就是指佛菩薩的頻道，而非餓鬼的頻道。

修習「四正勤」的第四項是維持已顯發的正向種子，好讓它們繼續成長、茁壯。若我們能將這些種子保持在心識中愈久，它們在藏識中的根基就會變得愈強壯。這些善種就如受歡迎的訪客，我們想將它們儘可能地留在心識中好好招待，如此一來，它們就有機會擴展根基，這就是從根本轉化。而當善種持續成長時，不善的種子就會不斷地萎縮。

想要以最好、最有效的方式修習「精進」，還需要般若與其他波羅蜜。持戒或修習「正念學處」，是為自己、家人與社區創造健全環境的一個非常好的方法，有了健全的環境，我們就能修習「精進」。

從修習其他波羅蜜，我們可獲得許多喜悅，但很多人都以為精進波羅蜜一定得是艱苦的，於是很努力修行，同時認為這是最好、最嚴密的一種修行。其實這樣的修行毫無喜悅可言，且只會讓自己受苦。不論你多麼努力，若以這種方式修習「精進」，絕對不可能有好的結果，這就是為何修行必須以般若——理解——為前導，有了「理解」這項要素，修行會立即讓人如釋重負，且帶來極大的喜悅。這種修行有療癒與轉化的力量，而療癒和轉化將鼓舞你在修行道上日益精進。

注釋

①……關於「四正勤」，詳見*The Heart of the Buddha's Teaching*, p.92- 93。

②……有關心識的教理方面的深入探討，參見Thich Nhat Hanh, *Transformation at the Base: Fifty Verses on the Nature of Consciousness*（Berkeley, CA: Parallax Press, 2001）。

第三十四章

禪定

「禪定」是修習靜止、專注與深觀。首先，應理解這種修行是要培養三昧或禪定覺知；然後，當我們以無常、無我、涅槃三法印等教法為禪修的對象時，這些教法就會成為生活經驗的真實洞見，而不只是觀念或概念而已。

洞見無常，才能擁有正念與慈悲

佛教教法核心的「無常」告訴我們，萬物依各自的因緣而生滅，沒有任何事物永久持續，也沒有任何事物是永恆不變的。

很多修行者自以為已完全理解無常，但其實並未真正信奉它；我們強烈傾向於相信自己永遠是同一個人，所摯愛的人也會永遠維持不變。然而，這是一種迷惑，讓我們無法過更具正念與慈悲的生活。若相信自己所愛的每個人、每件事物都將永遠存在，就不太會掛念著要去照顧他們，或在當下深深地珍重他們。失去所愛的人或事物時，我們會感到痛苦，但當那個人或那件事物還存在於生活中時，我們可能並不珍惜，也不會完全瞭解他或她，因我們缺乏無常的洞見。將無常的洞見作為禪定覺知的對象是很重要的，因它是愛與慈悲的一個基本要素。

能以無常的角度來看待自己與摯愛的人或事物時，我們就會知道當下要怎麼做，才能為自己和他人帶來喜悅，因等到明天可能就太晚了；而我們會對某人生氣，那就是因自己缺乏無常、無我的洞見。

我們可能以為快樂是個人的事，然而一旦深觀「相互依存」的本質，就會清楚看到，若對方痛苦，我們也不會真正快樂。對人生氣時，我們因內心的憤怒而受苦；但當能做些事讓另一個人快樂而面露微笑時，我們也會立刻感到喜悅。我們的快樂由他人的快樂組成，痛苦也是由他人的痛苦所構成。因此，理解無常、無我與「相互依存」，將激勵我們盡一切所能地去解救苦難，為自己的日常生活帶來喜悅與快樂。

以無常的洞見照亮生命

無常的洞見不僅是理智上的理解，它與無常的觀念有著天壤之別。無常教法的提出，即是為了要讓人能證悟無常的洞見，我們必須知道如何明智地運用這項教法，以獲得洞見。要小心別陷於教條，或困於無常、無我、涅槃的概念理解中，要轉化所學成為真正的洞見，讓它時時存在於日常生活中。

無常的洞見能照亮生命中的每一刻。當我劃亮一根火柴，就產生了火焰；因有火柴，火焰才能顯現，然而火焰一旦顯現，就開始吞噬火柴。無常的觀念就如火柴，無常的洞見則如火焰，一旦獲得洞見，就無須固守觀念，洞見會取代我們有限的概念理解。

光靠概念無法讓自己解脫，我們可盡興地談論觀念，但若無真正的洞見，我們的生活和世界就不會有任何改變。若你知道如何修習深觀，將無常、無我的觀念轉化為真實洞見的火焰，這樣的洞見將時時刻刻照亮你的日常生活，你會知道什麼該做或不該做，為自己與他人帶來幸福、快樂。

第三十五章

智慧

《般若經》形容「般若波羅蜜」是「如鳥之雙翼，能讓人高翔遠遊」。般若波羅蜜是證悟所有波羅蜜的基礎與關鍵，有了這種智慧或理解，我們能圓滿地修習布施、正念、包容、精進與禪定；若無般若波羅蜜，其他波羅蜜就不可能圓滿，因為沒有翅膀，你就無法高飛遠颺。

以般若為前導，修習所有波羅蜜

我們在上一章得知智慧或理解如何出現在禪修中，修習禪定是為了要在日常生活中產生無常、無我的洞見。無常、無我屬於實相的歷史向度，一切都是無常，且無法獨立分離的存在體，唯有深深觸及這兩個歷史向度的特徵時，我們才能接觸究竟的向度——涅槃。因此，當我們以般若為前導而修習禪定時，才能在無常、無我中觸及涅槃，體會歷史向度與究竟向度之間並無差別，這就是「般若波羅蜜」。

修習「包容」，意味著你有能力接受、擁抱一切，包括老、病、死。當你將般若的要素帶入日常生活，時時刻刻都擁有無常、無我的洞見，這時你便能觸及無生亦無死的究竟基礎——涅槃。當你能觸及究竟的向度時，接納生與死或顯現與隱沒就變得輕而易舉。若不能洞見涅槃的般若，就不可能圓滿地修習「包容」。萬花筒中彩色碎紙組成的某個圖案消失時，小孩不會因而傷心，因為他們知道另一個奇妙的圖案即將出現。無常、無我只不過是萬花筒反覆轉動，讓筒中一個圖案接著另一個圖案天衣無縫地交替出現。

當我們能將般若波羅蜜帶入其他波羅蜜的修行中，才能真正說自己已圓滿波羅蜜的修行，已在日常生活中修習《法華經》的菩薩教義。布施波羅蜜是指在贈與時，而毫無贈①與者、受贈者、所贈之物的分別，這樣的修行是非常深刻的，而其基礎即是般若，只有基於般若波羅蜜，布施波羅蜜才可能發生。

洞見事物空性的本質即是般若

我們可以在任何修行中加入般若的要素，例如在修習「禮敬」時，佛教傳統有首優美的偈頌：「能禮所禮性空寂」。要如何理解這句偈頌呢？我們知道構成佛陀的要素，除了佛陀以外，還包括我們在內；而構成我們的要素，也是除了我們自己之外，還包括佛陀這個要素在內。這種對自己與佛陀空性本質的洞見，就是般若。有了這種理解，就能去除禮敬者與受禮敬者之間的界限。當你禮敬圓滿、絕對的佛陀形象時，你也看見自己反映在佛像中，辨認出自己內在究竟的圓滿；你跟所禮敬的對象並無差別，體驗到與自己內在佛之間深切的連結。若你完全維持原來的樣子，佛陀也維持原樣，你們之間就不可能有深切的接觸與圓滿的溝通。

以這種方式理解事物的空性，就是般若波羅蜜；這是我們禮敬的基礎，也是從事其他任何一種修行的基礎。當我們在修習波羅蜜中證悟圓滿的理解時，將發現自己原來已得自在，因理解生與死只是一場遊戲，是歷史向度與究竟向度間的一場捉迷藏，所以我們了無恐懼。透過《法華經》，我們看到圓滿理解的可能性，我們能進入諸菩薩的大車，與一切眾生一起跨越到解脫的彼岸。

注釋

❶……這種無施者、受者、施物的分別，在佛教中通稱「三輪體空」。

結論

《法華經》並非以專家為對象的學術著作，而是讓我們活在當下的實用指南。我們都是菩薩——這是法華教義的核心，也就是大乘菩薩道的核心。我們可將此經對六波羅蜜的洞見運用在每天的生活中，研讀此經時別只為了自己，也要為所有人的利益而研讀；煮一頓飯、洗鍋子、打掃法堂或工作時，別只為自己的利益而做這些事。只要正念分明地走路，即使只有一步，也有助於正念力量的產生，那將能讓地球上的一切眾生獲益。

我們修行不只是要轉化自己，也要幫助別人轉化，因我們知道自己與一切生命相互依存。遵循諸大菩薩的修行，就能培養一顆具有愛與慈悲、專注與洞見的心，如此我們所有身、語、意的行動都將有益於一切眾生。

附錄——梅村道場簡介

在法國的梅村道場（Plum Village）和美國的禪修中心（Deer Park Monastery）內，僧侶和信徒們都在修習一行禪師所遵奉的正念生活。無論是個人或與家人朋友，都歡迎前來禪修中西所舉辦的一天或更長時間的正念修習。想知道更多的訊息，請上網 HYPERLINK "http://www.plumvillage.org" www.plumvillage.org或與下列單位聯絡：

Plum Village
13 Martineau 33580 Dieulivol France
Tel: (33) 5 56 61 66 88 info@plumvillage.org

Deer Park Monastery
2499 Melru Lane Escondido, CA 92026 USA
Tel: (1) 760 291-1003 deerpark@plumvillage.org
www.deerparkmonastery.org

觀自在系列 BA1003

經王法華經

作者——一行禪師（Thich Nhat Nanh）
譯者——方怡蓉

文字編輯——釋見澈
執行編輯——田麗卿
版面構成——吉松薛爾
封面設計——吉松薛爾
發行人——蘇拾平
總編輯——于芝峰
副總編輯——田哲榮

業務——郭其彬、王綬晨、邱紹溢
行銷——陳雅雯、余一霞
出版——橡實文化 ACORN Publishing
地址：臺北市10544松山區復興北路333號11樓之4
電話：02-2718-2001 傳真：02-2718-1258
網址：www.acornbooks.com.tw
E-mail信箱：acorn@andbooks.com.tw

發行——大雁出版基地
地址：臺北市10544松山區復興北路333號11樓之4
電話：02-2718-2001 傳真：02-2718-1258
讀者傳真服務：02-2718-1258
讀者服務信箱：andbooks@andbooks.com.tw
劃撥帳號：19983379
戶名：大雁文化事業股份有限公司

印刷——成陽印刷股份有限公司
初版一刷——2007年5月
初版十五刷——2019年7月
定價——320元
ISBN——978-986-8329-11-9

經王法華經／一行禪師—（Thich Vhat Hanh）
著；方怡蓉譯. —— 初版. —— 臺北市：橡實
文化出版：大雁文化發行, 2007〔民96〕
296面；17×22公分.（觀自在系列）
譯自：Opening the heart of the cosmos：
Insight on the Lotus Sutra
ISBN 978-986-8329-11-9

1. 法華部

221.52　　96007402